ALONGANDO A MARCA

A Editora Cultrix e o grupo Meio & Mensagem se uniram para publicar o que há de melhor e mais destacado na área de *business*. Trata-se de livros dirigidos a profissionais de comunicação e marketing, assim como a executivos e estudantes de visão, que sabem da importância de se conhecer novos caminhos no mundo dos negócios e conquistar a excelência pessoal e profissional.

Extremamente criativas e inovadoras, essas obras apresentam ao leitor os desafios e oportunidades do campo empresarial, na ótica de seus maiores líderes. Alguns dos nossos autores dirigem seu próprio negócio e outros chegaram ao ponto mais alto de suas carreiras em grandes multinacionais. Mas todos, sem exceção, contam o que aprenderam em sua jornada profissional, levados pelo simples desejo de dividir com o leitor a sabedoria e experiência que adquiriram.

Esperamos que você, leitor, ciente de que vive num mundo cada vez mais exigente, ache essas obras tão inspiradoras e úteis quanto nós, da Editora Cultrix e do grupo Meio & Mensagem.

 meio&mensagem

David Taylor

ALONGANDO A MARCA

Por que 1 em cada 2 extensões falha
e como evitar esse risco

Tradução
GILSON CÉSAR CARDOSO DE SOUSA

EDITORA CULTRIX
São Paulo

Título original: *Brand stretch*.

Copyright © 2004 John Wiley & Sons Ltd., The Atrium, Southern Gate, Chichester, West Sussex PO19 8SQ, Inglaterra.

Tradução autorizada da edição em língua inglesa, publicada pela John Wiley & Sons, Ltd.

Todos os direitos reservados. Nenhuma parte deste livro pode ser reproduzida ou usada de qualquer forma ou por qualquer meio, eletrônico ou mecânico, inclusive fotocópias, gravações ou sistema de armazenamento em banco de dados, sem permissão por escrito, exceto nos casos de trechos curtos citados em resenhas críticas ou artigos de revistas.

A Editora Pensamento-Cultrix Ltda. não se responsabiliza por eventuais mudanças ocorridas nos endereços convencionais ou eletrônicos citados neste livro.

Dados Internacionais de Catalogação na Publicação (CIP)
(Câmara Brasileira do Livro, SP, Brasil)

Taylor, David
   Alongando a marca : por que 1 em cada 2 extensões
falha e como evitar esse risco / David Taylor ; tradução
Gilson César Cardoso de Sousa. -- São Paulo :
Cultrix, 2005.

   Título original: Brand stretch.
   ISBN 85-316-0911-9

   1. Administração de produtos 2. Produtos de marca -
Administração 3. Produtos de marca - Avaliação -
Administração 4. Produtos de marca - Marketing I. Título.

05-7222   CDD-658.827

Índices para catálogo sistemático:
1. Produtos de marca : Administração de empresas   658.827

O primeiro número à esquerda indica a edição, ou reedição, desta obra. A primeira dezena
à direita indica o ano em que esta edição, ou reedição, foi publicada.

Edição	Ano
1-2-3-4-5-6-7-8-9-10-11	05-06-07-08-09-10-11

Direitos de tradução para o Brasil
adquiridos com exclusividade pela
EDITORA PENSAMENTO-CULTRIX LTDA.
Rua Dr. Mário Vicente, 368 — 04270-000 — São Paulo, SP
Fone: 6166-9000 — Fax: 6166-9008
E-mail: pensamento@cultrix.com.br
http://www.pensamento-cultrix.com.br
que se reserva a propriedade literária desta tradução.

Impresso em nossas oficinas gráficas.

Para Anne-Marie

Sumário

Prefácio à Edição Brasileira............................ 11

Apresentação.. 17

Agradecimentos 21

1. Alongamento ou Egocentrização da Marca?................ 23
    Vantagens da Extensão 23
    Então por que a Taxa de Sucesso é Duvidosa? 25
    Virgin: A Maior Egocentrização de Marca da História?........ 26
    Casamentos Forçados 31
    Abandonar a Egocentrização da Marca 33
    Valor Agregado da Marca............................ 33
    Dove: Valor Agregado da Marca em Ação 34
    Exercício de Alongamento da Marca 39
    Conclusões Principais 40
    Questionário 1: Alongamento da Marca – ou Egocentrização?... 40

2. Primeiro Passo: Fortalecer a Base...................... 43
    Em Forma para Alongar?............................. 44
    O Coração de uma Marca Saudável..................... 45
    Ancorando o Leque do Produto-Base 47
    Bud e Bud Light: Sol e Planetas....................... 49
    Negócio Arriscado 50
    Tango: A Laranja Esquecida.......................... 54
    Conclusões Principais 55
    Questionário 2: Fortalecer a Base 56

8 ALONGANDO A MARCA

3. Segundo Passo: Visão 57
  GPS para Marcas 58
  Marca Principal e seus Desafios. 60
  Um Marketing Menos Míope. 63
  Blockbuster: Fora da Área de Vídeo 63
  Suba a Escada da Marca. 65
  Pampers: Do Bumbum ao Bebê 65
  Axe: Subidas e Descidas. 74
  Marcas Elásticas. 77
  Conclusões Principais 83
  Questionário 3: Visão. 83

4. Terceiro Passo: Idéias 85
  Comece Perto de Casa. 86
  Vá Além 91
  Atalhos de Inovação. 95
  O Mundo de Contos de Fadas da Inovação. 100
  Starbuck's Frappuccino: Inovação no Mundo da Realidade 100
  Kit de Sobrevivência "Mata-Inovações". 103
  Conclusões Principais 104
  Questionário 4: Idéias 105

5. Quarto Passo: Enfoque. 107
  Conheça os Sete Anões 108
  Heróis ou Zeróis?. 108
  Bertolli: Capital de Risco Virtual 114
  Dimensão 1: Construção da Visão da Marca 118
  Dimensão 2: Mostre-me o Dinheiro. 121
  A História do easyGroup: Assassinato na Folha de Balanço 132
  Resumo do Virgin easyGroup 135
  Alternativas para Ir Sozinho 135
  Conclusões Principais 137
  Questionário 5: Enfoque 138

SUMÁRIO 9

6. Quinto Passo: Cumprimento 139
   Execução Subestimada. 140
   Nescafé Quente Quando Você Quiser: Execução Não
      Tão Quente 140
   Dano da Marca. 141
   Marca e Cumprimento. 143
   O iPod da Apple: Execução "Quente" 143
   Cumprindo a Promessa 146
   Conclusões Principais 150
   Questionário 6: Cumprimento 151

7. Sexto Passo: Arquitetura da Marca. 153
   O Aprendiz de Feiticeiro 154
   Arquitetura para Marcas 154
   Casas *versus* Ruas. 156
   Marcas de Plataforma Única 157
   Marcas de Plataformas Múltiplas. 161
   Lego: Construção de um Futuro Novo 174
   Queimando os Pneus. 177
   Comfort: Esboço de Reviravolta 182
   Vamos Recomeçar 189
   Conclusões Principais 189
   Questionário 7: Arquitetura da Marca. 190

Apêndice 1: Truques e Dicas sobre Posicionamento
   da Marca-Mãe. 191
Apêndice 2: Exemplo de Ferramenta de Posicionamento
   da Marca-Mãe. 193
Apêndice 3: Modelo de Ferramenta de Posicionamento da
   Marca-Mãe 195
Referências 197

Prefácio à Edição Brasileira

Há três anos aproximadamente, eu disse num artigo que os processos de extensão de marca lembravam a sequência do Mickey no filme *Fantasia* do Walt Disney. A inesquecível idéia de um personagem que, ao som do *Aprendiz de Feiticeiro* (música de Paul Dukas), ordena magicamente que algumas vassouras transportem baldes de água para ele. O resultado todos conhecem: as vassouras escapam ao seu comando, fruto de sua inexperiência como mágico, multiplicam-se e causam uma grande enchente.

Quando decidi aceitar o convite para escrever, com muito orgulho aliás, este prefácio senti que havia uma enorme identidade de princípios e de experiências entre o que fazemos na Troiano Consultoria de Marca e o que David Taylor relata neste livro. Essa identidade chegou ao extremo de usarmos a mesma referência cinematográfica: Mickey Mouse no papel de *O Aprendiz de Feiticeiro,* sem nunca termos nos encontrado ou lido qualquer coisa um do outro.

Extensão de marca, *brand extension* ou alongamento de marca (*brand stretch*), como prefere David Taylor, é um tema que está na agenda de 9 entre 10 diretores de marketing hoje. E na pauta de preocupações de CEO´s, Diretores de Planejamento e Diretores Financeiros.

Não é difícil entender o porquê. Há uma necessidade darwiniana de crescimento nas organizações atuais. Tudo indica que crescimento é um dos dispositivos de adaptação e seleção natural. Não crescer é um sinal de que algo não vai bem. Porém, estratégias de crescimento são uma equação que admite múltiplas soluções. De todas as múltiplas soluções, uma delas é a extensão de marca. O que significa utilizar a mesma plataforma de reconhecimento que a marca já tem no mercado. Depois de longos períodos de investimentos intensivos na construção de uma franquia sólida, nada mais natural do que aproveitá-la para expandir negócios em outras áreas do produto.

Utilizar processos de extensão de marca para desenvolver novos negócios é, de alguma forma, acelerar o *payback* de investimentos feitos na construção da marca. É, muitas vezes, uma irresistível tentação nas empresas, mesmo quando a marca ainda não está pronta ou madura, para dar esses passos.

No entanto, é preciso não confundir extensão de marca (*brand extension*) com extensão de linha. Extensão de linha é algo mais simples, que não tira a marca do seu habitat natural. Um fabricante de sucos que lança um novo sabor, ou um fabricante de televisores que lança um modelo maior ou com *features* mais modernos estão praticando extensões de linha. Ou seja, eles conduziram um processo de ampliação de negócios dentro do mesmo território original. Desodorantes que sejam apenas variantes de fragrância do produto original também são apenas extensões de linha. Extensões de marca ou *Brand Stretch* (David Taylor) obrigam a marca a penetrar em novos territórios de negócios.

Extensões de marca são um processo bastante mais complexo do que extensões de linha, pois obrigam a empresa a descobrir formas de operar com o mesmo profissionalismo em áreas novas onde ainda ela caminha com menos conhecimento do terreno.

Por isto, obriga a um desenvolvimento intelectual e de inteligência de mercado para que, neófita nesta nova área, ela não seja "engolida" pelas marcas que já dominam este espaço.

Apesar das dificuldades e ameaças, as recompensas das extensões de marca são enormes como uma ferramenta de expansão de negócios.

Brand extension é uma ferramenta de expansão de negócios muito atraente por motivos fáceis de entender.

O <u>primeiro</u> deles é a comparação entre os custos envolvidos neste processo confrontados com os que são necessários para começar uma nova marca do zero. Não tenho números para comprovar essa diferença, mas a voz sábia do mercado já pronunciou sua sentença: atualmente, quase 80% dos produtos de consumo e duráveis no Brasil, segundo estudo recente da Troiano, são extensões de alguma marca já existente. O movimento frenético de extensões de marca demonstrou que as empresas optaram por esse caminho e não pelo da criação de marcas novas. Aliás, há um bom tempo cultivo a hipótese de que o século XX foi onde as grandes marcas que conhecemos foram geradas. O século XXI, ao contrário disto, parece que será o século da multiplicação da família de produtos de produtos dessas marcas. Embora surjam e morram novas marcas o tempo todo, o movimento dominante é de *brand stretch*: de ampliação dos domínios das marcas já existentes.

O segundo motivo que torna a extensão de marca um processo muito atraente e tentador é o fato de que ele pode fortalecer a própria marca-mãe. Extensões não são apenas uma ferramenta de abertura de novos territórios para os produtos da marca. São também um dispositivo para o desenvolvimento do poder da marca original. Trata-se de uma engenhosa ferramenta para incrementar o valor deste ativo. E não só de um ponto de vista mercadológico, mas também financeiro. Extensões incrementam o fluxo de caixa gerado pela marca, por meio de seus novos produtos. O raciocínio é relativamente simples. O valor econômico de uma marca, como o de qualquer outro ativo, depende dos fluxos de caixa que ela é capaz de gerar. Uma família de produtos sob a mesma marca é uma geradora de fluxos de caixa naturalmente maiores do que a marca com um único produto isoladamente. Em última análise, mais produtos, maior fluxo de caixa, marcas com maior valor econômico, venham elas a ser incorporadas ao balanço da empresa ou não.

O terceiro motivo se aplica particularmente ao mercado *business-to-consumer*. Espaço para colocação de produtos no varejo é uma conquista cada vez mais árdua. Marcas já existentes, que disponham de reconhecimento e prestígio, têm muito mais abertura para conquistar espaços. Sua "folha corrida" é uma garantia antecipada de resultados. O inverso é verdadeiro: negociar espaços com marcas que ainda são apenas uma promessa é muito mais estressante. Quem opera com produtos de consumo conhece bem a saga para a abertura de novos espaços de gôndola, nas redes do varejo. A extensão de uma marca já conhecida e respeitada carrega um sentido de *goodwill* que torna as negociações mais suaves e aumenta as chances de abrir espaços nas prateleiras das lojas e supermercados.

O quarto e último motivo é o relacionamento com consumidores e a noção de *customer equity*. Como fazer para gerar mais negócios com um número menor de consumidores? Fazendo com que a marca possa acompanhá-lo em outras categorias de produto além daquela em que ela atua originalmente. Extensões de marca incrementam o *customer equity*, ou seja, aumentam o valor que cada cliente ou consumidor tem para a empresa. E por isso, deslocam o eixo de preocupações mercadológicas: de uma disputa por *market share* para um esforço de consolidação nas relações mais permanentes com os "mesmos" consumidores. Em última análise, *brand extension* é uma das formas supremas de prestação de serviços: a marca está pronta para atender a seu consumidor, no limite, onde quer que ele esteja.

Portanto, bem-vindos ao século das grandes famílias! Bem-vindos ao século da *brand extension*! O que começou timidamente há algumas décadas está explodindo agora e, até chegarmos a 2010, teremos um novo e fascinante mundo de concentração em torno de marcas-mãe mais poderosas do que nunca, cercadas de uma ampla prole.

Há armadilhas que espreitam a marca nos novos territórios para onde ela está se deslocando. E é por isso que nem sempre as extensões são bem-sucedidas. Embora isto não seja um receituário, algumas providências são essenciais para escapar desses perigos potenciais:

1. A primeira e mais crítica: identificar se a marca tem natural autoridade para atuar no novo mercado. É o que denominamos de <u>Regra da Afinidade</u>, e acontece quando um consumidor chega a um supermercado, por exemplo, e alguém indica a ele um novo produto de uma marca já existente. Ele ou ela olha surpreso e diz: "Ué, mas já não tinha?" Quando a afinidade entre a marca-mãe e seus filhotes é clara, a "gôndola mental" dos consumidores já está previamente preparada para aceitar naturalmente o novo produto da marca. E imaginem o que se economiza em custos de marketing e comunicação em casos como este.

2. A segunda providência é obedecer à <u>Regra da Velocidade</u>. Não é possível acomodar na cabeça dos consumidores uma avalanche de novos produtos em pouco tempo. Grandes empresas que tentaram (e algumas outras continuam tentando) não tiveram sucesso e foram obrigadas a voltar atrás. Quando esta regra não é obedecida, a "multa" é a seguinte: o desejado efeito de sinergia entre os filhotes fica comprometido pela velocidade acelerada.

3. A terceira providência é considerar que extensão de marca pode obedecer à <u>Regra do Intangível</u>. Esta regra nos mostra que as fronteiras para extensões de marca não precisam, necessariamente, se esgotar no plano físico e obedecer a critérios industriais. A vizinhança não precisa estar atrelada a alguma característica física do produto.

4. A quarta providência importante nos processos de extensão de marcas é entender como deverá ocorrer o processo de "transmissão do DNA materno". Nos milhares de casos de extensão que auditamos, identificamos 8 critérios ou princípios, por meio dos quais as empresas estendem o uso da marca-mãe em novas categorias de produto. Ou seja, 8 princípios pelos quais se "transmite o DNA materno". É muito raro que uma determinada marca utilize apenas um princípio em seus processos de extensão. A média é de 1,6 princípios utilizados em cada movimento de expansão. Os 8 princípios que regem as extensões no Brasil são os seguintes:

I. Mudança de apresentação
II. Preservação do ingrediente principal
III. Complementação de uso
IV. Conservação da forma
V. Concentração num *target*
VI. *Expertise* da marca-mãe
VII. Transferência de personalidade
VIII. Uso do poder da marca

Não estamos no fim, nem no princípio do fim. Em se tratando de extensões de marca, estamos apenas no fim do começo. As oportunidades que se abrem para as empresas que souberem gerir este processo com criatividade, competência e, principalmente, humildade são enormes. Porém, os riscos também.

Quantas e quantas marcas importantes e poderosas ainda nem começaram a percorrer esse trajeto promissor.

Tornar a marca ainda mais poderosa, multiplicar negócios com a sua franquia, preservar mais clientes por mais tempo: alguém pode imaginar algo melhor do que isso?

Bem, é por isso tudo que este livro do David Taylor é tão importante. Ele detalha esse caminho conceitual que leva as empresas a tomarem decisões corretas no uso de suas marcas em novas categorias de negócio. E expõe com muita transparência a natureza das armadilhas espalhadas pelo caminho.

E a mais perigosa delas é o que ele chamou de "egocentrização" (*brand ego trip*): uma forma de trabalhar com extensões de marca que privilegia uma visão interna da empresa e do negócio e não a referência externa e mais natural que seria a visão dos consumidores e dos concorrentes. "*Brand ego trip*" é o que eu costumo denominar de narcisismo na extensão de marca: o pecado de supor que a marca é poderosa o suficiente para se aventurar em qualquer outro mercado.

Entretanto, o que me atrai mais no livro não são os alertas contra as armadilhas, mas a estrutura conceitual que David Taylor propõe para desenvolver projetos de *brand stretch*.

Essa estrutura contém 6 passos pelos quais a empresa deve caminhar em projetos de extensão, começando pela identificação de qual é a verdadeira alma da marca e do quanto ela é saudável o suficiente para se envolver num processo de *brand stretch*.

A leitura cuidadosa dessa estrutura de trabalho que ele propõe afasta os riscos que ameaçam os incautos e conduz a taxas de êxito muito maiores nos projetos de extensão.

Embora os exemplos que ele apresenta não sejam brasileiros, trata-se de marcas muito conhecidas e a transposição que o leitor pode fazer para o nosso mercado é imediata. Ou seja, parece que extensão de marca, alongamento de marca ou o nome que quisermos adotar para esses processos contêm pilares universais e fazem todo sentido no nosso mercado também.

Em resumo: acho que o livro cria condições para que sejamos menos aprendizes e muito mais feiticeiros experientes, quando o negócio é extensão de marca.

Jaime Troiano

Apresentação

O alongamento da marca é um tópico de destaque nos negócios, no mundo inteiro e em todos os setores. Depois de gastar milhões de dólares na criação, na construção e na preservação de marcas fortes, é hora de ressarcir-se. Essas marcas precisam gerar uma prole bonita e rentável.

O alongamento da marca tornou-se tão importante que hoje é uma função da diretoria, não apenas da equipe de marca, conforme Paul Walsh, CEO da gigantesca multinacional do ramo de bebidas, Diageo, poderá atestar. O fracasso, nos últimos anos, da extensão Captain Morgan Gold, de bebidas prontas para beber dessa companhia, mereceu manchete na imprensa especializada. O prejuízo de 28 milhões de dólares foi atribuído a uma queda no preço das ações da empresa. Em contrapartida, as extensões bem-sucedidas da Procter & Gamble, como Crest SpinBrush e Whitestrips, elevaram os lucros em dois dígitos e o valor das ações em 14%. O CEO da companhia, Alan Lafley, explicou:

> Segundo a mentalidade geral, a inovação deve fluir exclusivamente para novas categorias e novas marcas; tudo o que eu fiz foi abrir a mente das pessoas à possibilidade de que elas poderiam voltar-se também para as nossas marcas consagradas.[1]

Infelizmente, o mais provável é que você vá chorar com Walsh em vez de rir com Lafley. Metade dos lançamentos de alongamentos de marcas acaba no cemitério supersaturado da Captain Morgan Gold. Uma das soluções consiste em seguir o conselho do guru da administração, Jack Trout. Ele sugere que esqueçamos de vez o hábito dos alongamentos, defendendo veementemente o velho adágio "uma idéia, uma marca". Isso, porém, significaria ignorar o enorme potencial dos alongamentos bem-executados para gerar crescimento proveitoso. A sugestão também não se sustentaria face ao atual enfoque na construção de marcas maiores e em menor número, que são alvo de pressões como os custos de mídia crescentes e a necessidade de negociar poder com os grandes varejistas (ver Figura 1). A Unilever, por exemplo, empenhou-se em reduzir as suas 1.600 marcas para 400, prestigiando as 40 com *status* de "estrelas". Essas marcas remanescentes precisam trabalhar muito mais para gerar crescimento, sendo o alongamento uma das alavancas-chave do processo. Portanto, o verdadeiro desafio hoje em dia não é *se* se deve alongar, mas *como* alongar. O objetivo deste livro consiste em oferecer ajuda prática tanto no campo do método quanto no da mentalidade necessários para aumentar as chances de vitória do leitor.

De início, investigaremos a causa fundamental da impressionante taxa de insucesso das extensões: *egocentrização de marca*. Isso induz as companhias a lançar extensões que atendam às suas necessidades internas, em vez de atribuir valor superior aos consumidores. Veremos como a mais famosa história de alongamento, *Virgin*, é, na verdade, a maior egocentrização de marca já realizada. Uma abordagem chamada "valor agregado da marca" será então proposta para ajudar o leitor a concentrar-se de novo na oferta de benefícios atraentes e competitivos ao consumidor. Isso é mostrado pela extensão seqüencial e bem-sucedida da marca *Dove* no "espectro do alongamento".

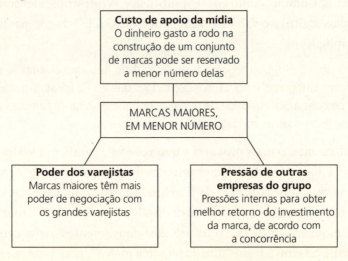

Figura 1: Forças que promovem marcas maiores, em menor número.

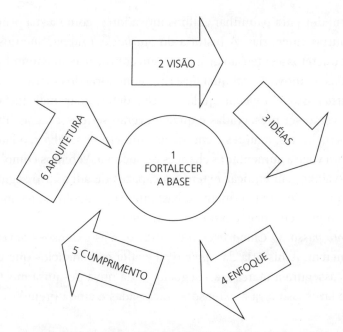

Figura 2: O esforço do Alongamento da Marca.

O esforço do Alongamento de Marca propõe então seis passos práticos para ajudar você a aplicar os princípios do valor agregado da marca para multiplicar suas chances de êxito (ver Figura 2).

Primeiro passo: *Fortalecer a base* enfatiza a importância de uma marca principal e um produto fortes para um alongamento bem-sucedido, ilustrado pela *Bud Light* nos Estados Unidos. Os riscos que corre a marca principal ao fazer uma extensão também são ilustrados pela decadência da marca *Tango* no mercado de refrigerantes do Reino Unido.

Segundo passo: A *Visão* procura desenvolver, para a marca, um perfil claro, ambicioso e voltado para o futuro. Isso ajudará não só a pôr de lado extensões inadequadas, mas também a orientar e inspirar a inovação, como foi exemplificada pelo reposicionamento e pelo alongamento da *Pampers*.

Terceiro passo: As *Idéias* propiciam dicas e truques práticos para a geração, ao mesmo tempo, de extensões de marcas principais e de alongamentos mais ambiciosos. Veremos que mapear mercados e entender as necessidades de consumo às vezes oblitera as oportunidades. Também iremos além do consumidor para palmilhar atalhos inovadores, como a sua própria empresa e outras categorias. A história do *Starbucks Frappuccino* ilustrará os desafios concretos à extensão de marcas, em contraste com o mundo de contos de fadas da inovação tal qual descrito na maioria dos manuais.

Quarto passo: O *Enfoque* ajudará você a determinar quais idéias de extensão deverão ser preservadas e quais deverão ser descartadas. Promover extensões melhores, maiores e em menor número seja, talvez, o fator-*chave* que ajudará você a aumentar as chances de sucesso. Veremos como o fracasso do *easyGroup* em enfocar extensões capazes de adensar o segmento da sua base produziu tinta vermelha o bastante para engolir os navios-tanque da Stelio (o primeiro negócio do seu *chairman*).

Quinto passo: O *Cumprimento* enfatiza que as extensões devem dar o que prometem. A história da *Apple iPod* exalta os benefícios que uma boa execução assegura à marca e ao negócio. Uma nova pesquisa mostrou que deixar de fazer isso leva a extensões fracassadas e ainda prejudica a marca principal.

Sexto passo: A *Arquitetura* propõe uma abordagem simples, centrada nos negócios, para a estrutura da marca, área que tem sido avassalada por um jargão confuso. A história da *Lego* mostra até que ponto estruturar e organizar a oferta ampliada da marca pode contribuir para a escolha do consumidor e estabilizar os recursos da companhia.

Como qualquer outro livro, *Alongando a Marca* não irá transformar o destino de sua marca ou negócio. Para isso são necessários talento, energia e boa dose de sorte. No entanto, se as idéias forem aplicadas com dedicação e convicção, não duvido de que elas possam ampliar as suas chances de sucesso na extensão de marca. Afinal, com uma taxa de acerto de apenas 50%, felizmente "o único caminho é para cima"!

Agradecimentos

Somente uma semana após o nascimento do meu primeiro livro, *The Brand Gym: A Practical Workout for Boosting Brand and Business*, fiquei grávido de novo. Claire Plimmer, da John Wiley, foi bondosa o bastante para apresentar-me o contrato de um segundo livro, agora sobre alongamento de marca. Mal sabia eu que as coisas não seriam tão fáceis dessa vez, como eu esperava, mas, na verdade, muito mais difíceis, em especial porque tenho atualmente uma empresa de consultoria em franca expansão para administrar. Assim, o primeiro e mais efusivo agradecimento vai para a minha esposa, Anne-Marie, por suportar seis meses de um trabalho mais árduo e mais demorado do que qualquer outro de que eu possa me lembrar. Ela tinha de agüentar, bem cedo, o som do meu despertador, os serões até altas horas e a discussão, ao jantar, de minhas últimas idéias, esperanças e medos com relação ao livro. Quanto a você, Jessica, prometo que daqui em diante o computador só será usado nos fins de semana para rodar o seu CD-ROM da Branca de Neve.

David Nichols, meu bom amigo e sócio-gerente da Added Value UK, percorreu o primeiro rascunho do livro com o seu vigor usual e forneceu-me com franqueza os subsídios de que eu necessitava. Essa primeira versão foi engavetada e recomecei, usando a nova estrutura que ele me ajudara a esboçar. Agradeço também a Mile Elms, da Marketing Society, que me convidou a ler um esboço sobre "alongue os músculos da sua marca". Pude assim testar os novos conceitos diante de um público ao vivo e descobrir o que era "quente" ou não. O tema central da egocentrização da marca surgiu dessa sessão de leitura. Sarah Holland, da Life Support, arcou com a monstruosa tarefa de obter autorização para a reprodução das imagens que transferem as idéias do livro para a vida.

Por último, e mais importante, tenho de agradecer aos muitos administradores de marcas e diretores de marketing que reservaram um tempo para compartilhar suas experiências comigo e ajudar-me a desenvolver esquemas conceituais. Agradecimentos especiais vão para todas as pessoas com quem trabalhei em projetos de consultoria nos últimos anos (Lever Fabergé, Unilever Bestfoods, Danone, Cadbury Schweppes, SABMiller, Blockbuster e Disney). Foi ajudando vocês na linha de frente da construção de marcas que, realmente, aprendi muito sobre o que funciona e o que não funciona.

Alongamento ou Egocentrização da Marca?

CAPÍTULO 1

 Resumo

Muitas companhias contraíram a febre do alongamento de marca, considerando-a um modo de lançar inovações mais barato e mais seguro do que criar marcas novas. Na verdade, os benefícios são menos evidentes e a maioria das extensões morre cedo. Esse fraco desempenho é causado pela "egocentrização da marca": um enfoque voltado para as necessidades do negócio, não para o consumidor e a concorrência. Isso leva a uma complacência equivocada quanto à capacidade de a marca alongar-se proveitosamente para novas áreas. Para não cair na mesma armadilha, você precisa concentrar-se em agregar valor para os consumidores.

Vantagens da Extensão

Mais de 80% dos diretores de marketing, em recente pesquisa sobre administração de marcas, disseram que a extensão seria o principal veículo de lançamento de inovações nos próximos dois ou três anos (Figura 1.1). Eles observam com inveja o espantoso sucesso de extensões como Bacardi Breezer (um produto pronto para beber à base de rum; Figura 1.2) e pensam: "Também conseguirei isso!" No papel, as vantagens de alongar uma marca, em vez de criar uma nova, parecem mesmo instigantes:

- *Conhecimento do consumidor*: usar uma marca forte já existente para promover um produto ou serviço novo significa haver menos necessidade de criar percepção e imagem. As associações já foram estabelecidas e a tarefa principal consiste em comunicar os benefícios específicos da inovação.

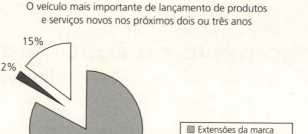

Figura 1.1: Uso planejado de extensões versus marcas novas.
Fonte: The brandgym 2003.

Figura 1.2: Impacto de vendas de Bacardi Breezer.

Uma marca nova, ao contrário, começa do nada: precisa gastar muito só para tornar-se conhecida.

- *Confiança do consumidor*: além de já serem conhecidas, as marcas fortes gozam da confiança dos consumidores de que elas cumprirão suas promessas. Se bem feita, uma extensão se vale desse prestígio para gerar uma proposta atraente de valor num novo segmento ou mercado. Uma pesquisa mostrou que 58% dos consumidores do Reino Unido gostariam de experimentar um produto novo de uma marca que já conhecem, contra apenas 3% que prefeririam uma marca nova.

- *Custo mais baixo*: as vantagens das extensões em termos de percepção e reputação significam que você "lucrará mais com menos" do que se optar por marcas novas. Estudos mostram que o custo por unidade de tentativa é 36% inferior e que o retorno é mais significativo.[1] (Ver Tabela 1.1).

Tabela 1.1: Taxa de sucesso para extensões versus marcas novas.

	Tentativa (índice)	Custo por unidade (índice)	Repetição/lealdade (índice)
Novas marcas	100	100	100
Extensões	123	64	161

Então por que a Taxa de Sucesso é Duvidosa?

As extensões podem ser menos arriscadas do que o lançamento de marcas totalmente novas. No entanto, as chances ainda são ruins, com apenas 50% delas sobrevivendo após três anos.[2] Em outras palavras, é como se você arriscasse o dinheiro da empresa numa mesa de jogo. Mas se todas essas extensões funcionaram a princípio, por que metade delas acabou no cemitério de marcas?

A principal razão desse estranho desempenho é a "egocentrização de marca": exigir mais do que a marca pode oferecer e subestimar o desafio de criar uma extensão realmente atraente e confiável. Al Ries diz com propriedade:

> As empresas se apaixonam por si mesmas e, a todo instante, buscam meios de tirar vantagem dos nomes presumivelmente todo-poderosos de suas marcas.[3]

A egocentrização da marca induz as empresas a perder de vista o que em primeiro lugar as tornaram famosas, o que as ajudou a oferecer diferenciação, relevância e valor. Elas acabam voltando-se para dentro de si mesmas, para as necessidades do negócio e sua administração, em vez de sair para o mundo e atender às exigências dos consumidores.

Talvez o maior e melhor exemplo desse mal-entendido tenha sido a egocentrização de Richard Branson na Virgin. Embora ela seja descrita em vários manuais como *o* exemplo de alongamento da marca, se você vasculhar um pouco mais fundo descobrirá o outro lado da história.

Virgin: A Maior Egocentrização de Marca da História?

No todo, Virgin é um sucesso em termos tanto de vendas quanto de imagem. O movimento de vendas do grupo gira em torno de 5 bilhões de dólares e a marca é a terceira mais admirada da Grã-Bretanha, atrás apenas de Marks & Spencer e Tesco.[4] A marca tornou-se uma massa dispersa e confusa de mais de 25 companhias que vendem tudo, de roupa íntima a seguros de vida. Algumas dessas extensões são estrelas brilhantes, mas o número das problemáticas é igual. Para entender as razões disso, precisamos examinar o que deu fama inicial à Virgin e depois descobrir por que a companhia, repetidamente, ignorou esse fato quando procurou estender-se.

Os Dois Lados da Base

Nos primeiros vinte de seus trinta anos de existência, a Virgin preocupou-se em montar dois negócios que criaram a base da marca. Metade dessa base é o berço da marca, constituído de música: a primeira loja de discos da Virgin foi inaugurada na rua Oxford, Londres, em 1971. A empresa, mais tarde, avançou para uma área afim, criando um selo de gravação em 1973. O primeiro de muitos lances de relações públicas foi a contratação do então desconhecido Mike Oldfield, cujo álbum *Tubular Bells* tornou-se um dos mais vendidos de todos os tempos. Dessas raízes no negócio musical é que a marca extraiu os seus traços de personalidade jovem, divertida e ligeiramente *rock'n roll*.

A segunda porção da base é a companhia aérea Virgin Atlantic, que sozinha gera 40% do movimento de vendas da marca. O lançamento da Virgin Atlantic em 1984 produziu um segundo conjunto de valores muito importante: o de uma marca ousada, lutando por valorizar-se frente a gigantes como a British Airways. Um alongamento direto acrescentou-lhe a Virgin Holidays em 1985.

No final dos anos 1980, a marca Virgin não era mais um negócio de entretenimento ou de aviação pioneira e desafiadora, mas uma espécie de mistura de ambos. Um modo de resumir isso é a idéia da Virgin como "conquistadora irreverente e divertida de valor". A década de 1990 assistiu ao lançamento de inúmeras extensões de marca, que hoje associamos a ela (Figura 1.3).

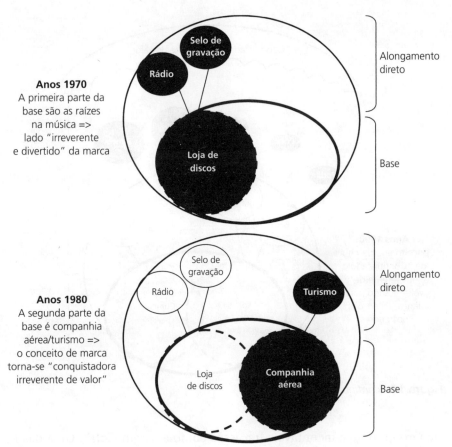

Figura 1.3: Alongamento da Virgin a partir de uma base dividida em duas partes.

Acertos e Erros

Muitos especialistas em *branding* descrevem a Virgin como uma marca de "filosofia" ou "grife" capaz de se alongar para qualquer área, livre de banalidades como desempenho funcional do produto. A citação seguinte, de uma agência de marcas mundialmente famosa, resume essa lógica sutil:

> Se você estabeleceu uma marca forte, então ultrapassou o produto funcional e invadiu a esfera dos valores. Faz sentido tentar oferecer os mesmos benefícios emocionais em outro mercado.[5]

Todavia, conforme comentou o professor Mark Ritson, da London Business School, na revista *Marketing*, "Para cada Virgin Atlantic ou Virgin Mu-

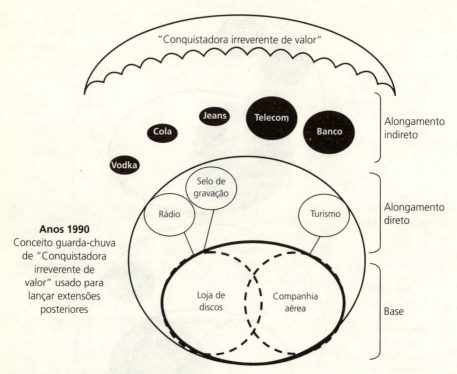

Figura 1.3: (continuação).

sic Group, houve incontáveis fracassos como a Virgin Cola". Uma das razões-chave para esse desempenho irregular é a incompreensão tanto do tipo de marca que o fundador Richard Branson de fato criou, quanto da melhor maneira de alongá-la.

Marca Guarda-chuva, não Grife

Na verdade, a Virgin não é uma grife. O simples fato de acrescentar o logotipo a um produto não leva o público a desejar comprá-lo. Como sucede a outras marcas de consumo, a Virgin carece dos valores "emblemáticos" para conseguir tal resultado. Esse é o território de marcas como a Gucci, em que um mundo de marca altamente inspiracional e rico se une, agregando-lhe valor, a um amplo e funcionalmente disperso conjunto de extensões de 360º.

As extensões da Virgin funcionaram bem quando a marca traduziu o conceito guarda-chuva de "conquistadora irreverente e divertida de valor" em produtos ou serviços atraentes e competitivos. O sucesso da Virgin Atlantic não se deve ao fato de as pessoas voarem nela por adotarem uma filosofia, mas por se tratar de um produto muito bom, a preços convidativos. Uma série de fatores, como massagens a bordo, sorvetes grátis e videogames de alta tecnologia, enseja uma notória diferenciação. Em contraste, a Virgin Vodka fracassou e desapareceu porque não tinha nenhum valor agregado de marca. Qual era o desafio? Onde estava a jovialidade irreverente? Só o que ela queria era vender barato, na esteira de um desesperado corte de preços. A Virgin Vodka está longe de ser o único exemplo de extensão de produto fracassada. A Virgin Coke, com efeito, conseguiu uma participação de apenas 3% no mercado do Reino Unido, a despeito de um preço cerca de 15-20% inferior ao da Coke. Você alguma vez já viu algum jovem moderninho dispensar os seus jeans Levi's ou Diesel em favor da Virgin?

Regra geral, a missão robin-hoodiana de servir a rapazes rebeldes, de quem muito se cobrava e a quem pouco se dava, funcionou muito melhor na área de serviços. Houve (e há) inúmeros alvos bons a mirar. Além da linha aérea, a Virgin incursionou com êxito pelo mercado de telefonia móvel no Reino Unido e nos Estados Unidos. Sua personalidade irreverente constitui um contraste relaxante com as comunicações conservadoras da Vodafone, T-Mobile e O_2. Isso, porém, é secundado por uma real diferenciação de serviços como aparelhos de telefone simples, recursos de rede para falar mais tempo e nada de contratos de longo prazo.

Perfil de um Egocentrizador

Há inúmeras lições capitais a aprender da egocentrização de marca da Virgin:

- *Negligenciar a base*: você tem de se perguntar se a Virgin ficaria maior e mais forte caso a empresa houvesse despendido mais tempo no desenvolvimento e na manutenção das áreas de base do turismo e do entretenimento. Em vez disso, a Virgin vendeu sua gravadora em 1992 para a Thorn EMI para financiar a egocentrização de marca nos anos 1990. Citando novamente Mark Ritson: "Só o tempo dirá se o dinheiro das vacas será suficiente para continuar alimentando o curral de fracassos da Virgin."

- *Esquecer a origem da fama*: parte do sucesso da Virgin deve-se à coragem demonstrada por Branson ao contratar o pessoal certo. À frente da linha aérea e dos serviços financeiros, ele descobriu os concorrentes que cobravam muito e davam pouco, e fez-nos a todos o favor de oferecer algo mais. Os valores emocionais foram embasados num sólido ponto de diferença funcional (Figura 1.4). No entanto, com cola, vodka e jeans, a Virgin não conseguiu desenvolver um produto fiel às promessas da marca: essas extensões criaram "muito caldo e pouca substância".
- *Não compreender consumidores e mercados*: a falta de sucesso nos ramos de jeans, cola e vodka reflete também a incapacidade de compreender as necessidades desses mercados. Conforme discutido anteriormente, os consumidores anseiam por valores emblemáticos em moda, aspiracionais (por exemplo, Diesel, Armani), e/ou herança consistente (por exemplo, Levi's). A Virgin não tinha nada disso e só lhe restou uma opção: baixar os preços. Contudo, mesmo assim a marca não conseguiu competir com eficiência, pois lhe faltava a massa crítica necessária para chegar a uma economia de escala e, assim, baratear os produtos. Varejistas concorrentes como Wal-Mart/Asda estavam em posição bem melhor para conseguir vodkas, colas e jeans de baixo custo e populares, sem com isso deixar de obter bons lucros.
- *Alongamento sem critério*: isso leva à fragmentação dos recursos financeiros e humanos. A extensão seletiva para novas áreas fiéis à promessa da Virgin poderia talvez ter proporcionado melhor retorno de investimento. A de Branson é, decerto, uma posição bem diferente daquela em que se encon-

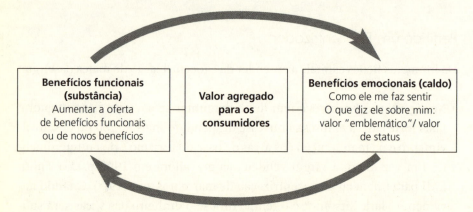

Figura 1.4: Agregar valor para os consumidores.

tra a maioria dos leitores deste livro, pois ele não tinha acionistas para agradar e dispunha de muito dinheiro ganho com esforço próprio para empenhar.

- *Negligenciar a execução*: isso pode gerar baixo desempenho de produto e mesmo danos para a marca, como ocorreu no caso do escândalo da venda desastrada da Virgin Energy. Os vendedores de porta em porta empregados pela parceira London Electricity não tinham lido a cartilha dos consumidores da Virgin. Usavam expedientes equívocos e forçavam vendas, a ponto de a agência de fiscalização Energywatch acumular inúmeras queixas. Alguns consumidores chegaram a receber multas nas contas de eletricidade só por terem solicitado informações sobre CDs e bilhetes de passagem aérea mais baratos da Virgin!

A moral da história da Virgin é a mesma que se encontra ao longo deste livro. Prometa algo de importante ao consumidor, cumpra a promessa e terá construído ao mesmo tempo uma marca e um negócio. Deixe de fazer isso e nenhum volume de apoio de marketing ou filosofia de marca o salvará.

> **Resumo da Virgin**
>
> 1. Lembre-se daquilo que o tornou famoso.
> 2. Dê um pouco de substância, não apenas caldo.
> 3. Procure entender o consumidor e a concorrência.
> 4. A execução é tudo.

Casamentos Forçados

Outro aspecto da egocentrização de marca é promover extensões por motivos táticos, que sirvam às necessidades de curto prazo da empresa e não às do consumidor. Essas relações entre marca e extensão estão, pela maioria, fadadas ao fracasso tal como os casamentos baseados na necessidade de economizar impostos ou assegurar a permanência de imigrantes no país. Às vezes, parece que as extensões de marca não são administradas com a mesma disciplina e rigor estratégico aplicados à criação de novas marcas.

Acrescentar Novidade

Acrescentar coisas novas é medida freqüentemente aventada para estender uma marca. No entanto, isso deve ser encarado como um benefício extra, não como o motivo principal. O risco é tudo resultar em expedientes que apenas reduzam as vendas para usuários atuais em busca de mudança. Só o tempo poderá dizer se as últimas variações de sabor da Coke, com limão e baunilha, terão algo mais que um apelo passageiro. Em contrapartida, Coke Light e Diet Coke responderam a uma premente necessidade do consumidor por produtos mais saudáveis, passando a constituir uma grande fatia de vendas da marca.

Copiar a Concorrência

As reações patelares e impulsivas a extensões da concorrência geralmente apresentam resultados decepcionantes. O primeiro risco consiste em dar maior credibilidade ao novo segmento e assim, na verdade, ajudar a extensão da concorrência. Do mesmo modo, entrar tarde no mercado com um produto imitado significa, em geral, obter uma fatia menor do bolo. Uma alternativa melhor será "mudar de linha" com os seus produtos existentes para reivindicar o novo benefício. Por exemplo, em vez de copiar a extensão com limão da Coke lançando sua própria "Pepsi Twist", a Pepsi teria tido mais sucesso se comunicasse que seu produto principal é ótimo com uma fatia de limão.

Se a decisão de estender for tomada em resposta a um movimento da concorrência, esta deverá ser superada por uma diferenciação importante e uma mescla mais forte. A Nurofen lançou um analgésico para crianças no Reino Unido para concorrer com a marca-líder, Calpol. Conseguiu demonstrar que a sua fórmula baseada no Ibuprofen propiciava resultados mais duradouros que a Calpol, permitindo que a criança doente dormisse tranqüilamente a noite inteira. Os pais sabem muito bem como isso é bom!

Achar Espaço na Prateleira

A presença cada vez maior na prateleira, por meio de ofertas adicionais, é outro grande benefício do lançamento de uma nova extensão, mas não deve ser o único motivo da medida. Se os grandes varejistas podem ser persuadidos a comercializar uma nova extensão, com base na força da marca, eles a repelirão tão logo o produto deixe de vender.

Abandonar a Egocentrização da Marca

Reconhecer e retificar os problemas da egocentrização da marca pode melhorar significativamente suas chances de vencer o jogo da extensão. Todavia, pesquisas revelam que boa parte do pessoal de marketing ainda está cega à insuficiência de seus esforços. Uma amostra de diretores de marketing acreditava que quase 90% dos consumidores haviam se tornado *mais* positivos com relação a alongamentos de marcas nos últimos 5-10 anos. Não obstante, quando se fez a mesma pergunta a um grupo de mil consumidores do Reino Unido, os resultados não foram tão claros. Só 29% eram positivos, com nada menos que 61% de indecisos (Figura 1.5). Uma olhadela ao "cemitério de extensões" (Figura 1.6) explicará o ceticismo deles.[6]

Valor Agregado da Marca

A chave para abandonar a egocentrização da marca é voltar sua atenção para o "valor agregado da marca". Detalhe importante, isso vai muito além da teoria de extensão vigente, a da "adequação à marca", segundo a qual tudo o que *hoje* convém à imagem da marca é uma boa idéia. O valor agregado da marca requer o uso da *visão* de marca, que inspirará e orientará o desenvolvimento das extensões realmente importantes e diferenciadas.

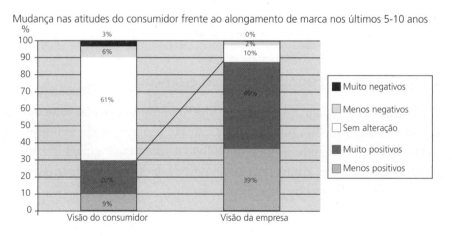

Figura 1.5: Visão do consumidor versus visão da empresa frente ao alongamento de marca.
Fonte: The brandgym 2003.

34 ALONGANDO A MARCA

Figura 1.6: O cemitério das extensões.

Dove é uma marca que agregou valor real para os consumidores quando se estendeu pelo espectro do alongamento (Tabela 1.2).

Dove: O Valor Agregado da Marca em Ação

O alongamento da marca foi um fator decisivo do espetacular crescimento da Dove nos anos 1990. Junto com a expansão geográfica, ela quintuplicou as vendas, que chegaram a quase um bilhão de dólares (Figura 1.7). A marca continua a crescer a uma taxa anual de 20% e está perto de atingir o patamar de dois bilhões nos próximos anos.

Tabela **1.2**: O espectro do alongamento.

	Extensão da base*	Alongamento direto*	Alongamento indireto*	Alongamento** 360°
Dove	Sabonete Dove Sensitive	Gel Dove para banho	Shampoo Dove	Spas Dove
Outros exemplos	Lâmina Gillette Mach 3	Creme de barbear Gillette Series	Desodorante Gillette	Roupas esportivas Gillette
	BMW 318 Cabriolet	BMW X5 4 X 4	Bicicletas BMW	Turismo BMW
Descrição	Novo formato ou adição ao produto-base	Alongamento para mercados adjacentes com vínculo direto com a base	Alongamento para um mercado mais distante com vínculo menos óbvio com a base	Leque extremamente amplo de produtos sem vínculo funcional óbvio com a base
Ligação com a base	Formato	Razão para confiar e/ou uso complementar	Conceito guarda-chuva e personalidade de marca	Valores emblemáticos
Posição na loja	Junto à base	Perto da base, mesma posição	Longe da base. Posição diferente ou mesmo loja diferente	Lojas diferentes ou seções de uma loja de marca "capitânia"
Modo de consumo	Uso semelhante ao do produto-base, embora talvez em ocasiões diferentes	Uso semelhante ao do produto base, embora talvez em ocasiões diferentes	Diferente do uso do produto-base	Muito variado

* Exemplos reais

** Egocentrizações possíveis

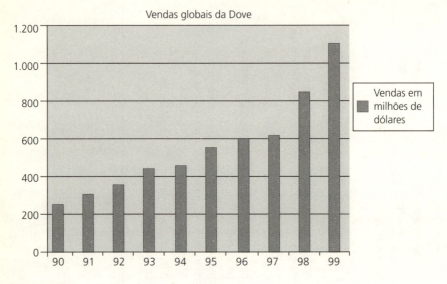

Figura 1.7: Crescimento de vendas da Dove.

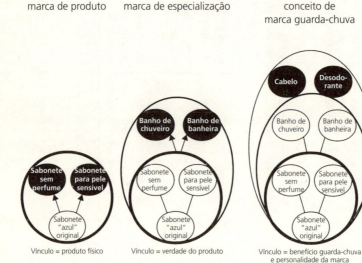

Figura 1.8: Alongamento seqüencial da Dove.

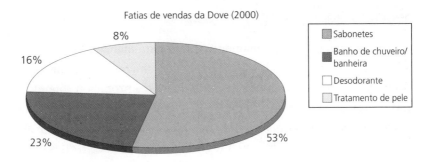

Figura 1.9: Fatias de vendas da Dove.

Forte a Partir da Base

O sabonete original da Dove está no cerne da marca, a mais pura e vigorosa personificação da promessa de não deixar "a pele seca graças a 1/4 de creme hidratante na sua fórmula". No mercado doméstico dos Estados Unidos, a marca esperou quarenta anos para arriscar a sua primeira grande extensão. Outros mercados, mais novos, não costumam esperar tanto. Contudo, controles cuidadosos garantiram que as novas extensões fossem introduzidas somente depois que dois "semáforos" passaram para o verde:

- Um sólido negócio no ramo de sabonetes fora montado.
- A marca apresentava resultados satisfatórios com a promessa de suavidade e hidratação.

Desse modo, o alongamento passou por várias etapas (Figura 1.8).

Primeira Etapa: Alongamento da Base

Nessa etapa, a Dove permaneceu como "marca de produto", oferecendo um único formato. O processo de alongamento começou a partir da base, com novas versões do sabonete: por exemplo, um para pele sensível, hoje responsável por um terço das vendas. A importância do sabonete principal no negócio é realçada pelo fato de ele continuar representando 55% das vendas da marca e uma participação ainda maior nos lucros (Figura 1.9). O desdobramento posterior do sabonete, graças a inovações de embalagem e fórmula, permanece uma fonte inapreciável de crescimento lucrativo.

Segunda Etapa: Alongamento Direto

A próxima etapa foi o alongamento direto para mercados de higiene pessoal adjacentes, como produtos para banho de chuveiro e banho de banheira. Aqui, o benefício da hidratação suave da marca propiciou diferenciação notória, apoiada pela promessa de 1/4 de creme hidratante na fórmula. Hoje, a Dove tem uma oferta mais ampla que antes, mas continua a ser uma marca de especialização voltada para a higiene pessoal. A escolha das extensões foi disciplinada, com base no valor agregado da marca, em duas áreas principais:

- *Forte promessa de produto*: cada nova extensão foi rigorosamente avaliada e discutida para assegurar que ela atingisse os elevados padrões de produção da marca. O objetivo consistia em fazer uma "promessa constatável", garantindo uma melhora visível da pele, que as mulheres poderiam ver e sentir por si mesmas.
- *Inovação de produto e embalagem*: esses elementos mostraram ser indícios decisivos de mudança e diferenciação. Por exemplo, o Dove Ultra Moisturising Body Wash possuía dois componentes de cores diversas e visíveis (azul, para limpeza suave, e rosa, para hidratação), que se combinavam quando o produto era comprimido.

Terceira Etapa: Alongamento Indireto

A terceira e mais ambiciosa etapa do programa de alongamento foi penetrar em mercados mais distantes, que não tinham vínculo direto com a área de higiene pessoal. Dove tornou-se uma "marca de conceito guarda-chuva", apoiada na idéia da "hidratação simples e suave". Essas idéias foram calorosamente debatidas, pois levaram a marca mais longe do que os administradores experientes achariam possível. Fato interessante, os paladinos do projeto vinham, não dos Estados Unidos, terra-mãe da marca, mas de dois dos mercados mais recentes da Dove.

Na Itália, sabia-se que os consumidores desejavam produtos mais suaves para a pele na categoria de desodorantes. Pensou-se então em combinar o benefício de suavidade da Dove com a competência da Unilever em desodorantes. O sinal verde para o lançamento experimental deveu-se a dois fatores-chave. Primeiro, o potencial de vendas e lucros era significativo. Segundo, o negócio ia bem na Itália, com sólida base para o sabonete e demais produtos de higiene pessoal. O teste obteve retumbante sucesso e a marca logo conquistou uma participação considerável. O produto correu a Europa e chegou aos Estados Unidos.

A equipe de Taiwan teve uma idéia ainda mais radical: Dove para os cabelos. Ela queria ir além da oferta de cuidados delicados da pele e prometer o mesmo para os cabelos. Esse passo também foi saudado com preocupação e mesmo oposição franca. Seria isso ir longe demais, até mesmo para a Dove? Procedeu-se a um teste de mercado e o sucesso foi imenso. De novo, o produto se espalhou internacionalmente.

A Consistência é Importante

A lição final da história da Dove é o benefício de um marketing consistente. Ela foi uma das primeiras marcas da Unilever a ser administrada em bases verdadeiramente globais, com o primeiro escalão administrativo responsável pela qualidade da disseminação do produto. A marca mostrou-se consistente em sua campanha de comunicação, apresentando mulheres

> **Resumo da Dove**
>
> 1. Construa com base numa marca-mãe sólida.
> 2. Faça alongamentos seletivos, a que a marca agregue valor real.
> 3. Uma forte verdade de produto é de grande ajuda na extensão.
> 4. A consistência é importante.

comuns contando suas histórias sobre a Dove. Esse passo é crucial para construir uma personalidade de marca acessível e atraente, capaz de proporcionar a "cola" que manterá unidas as extensões.

Exercício de Alongamento da Marca

O restante do livro conduzirá você ao longo de um programa simples e prático em cinco passos, preparado para aumentar suas chances de vencer o jogo da extensão de marcas. Cada um dos cinco passos procura abordar um dos aspectos da egocentrização da marca que já vimos anteriormente (Tabela 1.3).

Tabela 1.3: Problemas e soluções da egocentrização da marca.

Exercício	Problema	Solução
1. Fortalecer a base	Negligenciar o alcance da base marca/produto	Proteger e ampliar a base
2. Visão	Esquecer em primeiro lugar a origem da fama	Ter uma visão clara para garantir que as extensões ofereçam valor agregado
3. Idéias	Extensões são ditadas pela empresa, não pelo mercado	Aproveitar a percepção do consumidor e do mercado para catalisar idéias
4. Enfoque	Alongamentos desordenados produzem extensões anãs	Desenvolver idéias mais ambiciosas e em menor número para construir marca e negócio
5. Cumprimento	A execução não cumpre o que prometeu	A excelência na execução é a fonte principal de diferenciação
6. Arquitetura da marca	Confundir o alcance para o consumidor e a empresa	Montar uma estrutura que facilite a escolha do consumidor e aumente a eficiência da empresa

 Conclusões Principais

1. A taxa de sucesso das extensões da marca é baixa.
2. O problema fundamental é a egocentrização da marca, adotada por numerosas equipes de marketing.
3. As empresas precisam concentrar seus esforços na agregação de valores para o consumidor, com os valores emocionais amparados pelo desempenho funcional.

Questionário 1: Alongamento da Marca – ou Egocentrização?

	Sim	Não
• Os motivos primordiais para a extensão são fornecidos pelo consumidor ou pela própria empresa?	☐	☐
• Você pode oferecer desempenho funcional e não apenas ruído emocional?	☐	☐
• Você realmente compreende e respeita a concorrência na nova área em que está entrando?	☐	☐
• Você entendeu e se adaptou às regras da nova categoria?	☐	☐
• A importância de uma correta execução foi plenamente apreendida ou vista apenas como algo que "seria bom ter"?	☐	☐

 Passando Conhecimento

Vimos as vantagens teóricas que as extensões deveriam ter sobre as marcas novas. Uma vez que irá alavancar uma marca conhecida e confiável, uma extensão deveria contar com chances bem maiores de sucesso. No entanto, o problema da egocentrização de marca demonstra que a dura realidade é uma baixa taxa de êxito. Insistir no valor agregado da marca é a chance de promover um alongamento bem-sucedido. No próximo capítulo, examinaremos o primeiro passo vital para oferecer valor agregado de marca: possuir uma marca principal e um produto fortes, para então pensar em alongamentos.

Primeiro Passo: Fortalecer a Base

CAPÍTULO 2

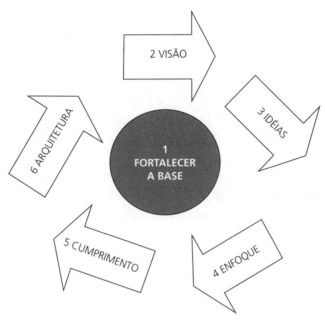

 Resumo

O primeiro passo para um alongamento bem-sucedido consiste em ter uma marca forte e saudável que possa agregar valor real às novas extensões. Se a sua marca estiver com baixo desempenho, ela poderá, na verdade, *diminuir* o apelo de novos produtos ou serviços, deprimindo-os. No centro da maioria das marcas fortes há um produto-base sólido, que define o conceito da marca, gera credibilidade e constitui importante fonte de lucros. Por isso, a grande prioridade da extensão deve ser construir e fortalecer o produto-base antes de se pensar em alongamentos para novas áreas.

Em Forma para Alongar?

Vários estudos confirmam o que o bom senso nos revela: extensões de marcas fortes tendem a ser mais bem-sucedidas que as de marcas fracas.[1] Como gostava de dizer o diretor-geral da Procter & Gamble: "É difícil para uma mãe doente dar à luz um filho sadio." Portanto, o primeiro passo para multiplicar as chances de êxito no alongamento é certificar-se de que a sua marca-mãe está forte e com saúde.

A Starbucks acabou estendendo sua marca para Frappuccino® e DoubleShot™ (bebidas à base de café), itens vendidos em supermercados graças a uma *joint venture* com a Pepsi-Cola Company. Ela também lançou o sorvete de café *superpremium* número um nos Estados Unidos, mediante parceria com a Dreyer's Grand Ice Cream, Inc. (Figura 2.1). No entanto, essas novas extensões de produto só lograram êxito em virtude da força do negócio-base de cafeterias da Starbucks, construído ao longo de dez anos.

Há inúmeras medidas sofisticadas que garantem a saúde de uma marca, mas na base dois fatores é que contam:

- *Vendas*: a marca tem crescido com saúde e consistência nos últimos anos? E ainda: ela é capaz de suportar um preço superior ou pelo menos igual ao dos concorrentes – ou você terá de baixá-lo para sustentar-se?
- *Imagem de marca*: a marca se sai bem nas dimensões principais que determinam a escolha? Se ela está apresentando baixo desempenho nessa área capital de proficiência, a credibilidade de uma nova extensão poderá ser solapada.

Figura 2.1: Extensão da Starbucks a partir de uma base forte.
Reproduzido com a permissão da Starbucks Corporation.

Reposicionar para Alongar

No caso de uma marca doente ou com algumas associações negativas, o *reposicionamento* pode ser necessário para pô-la em condições de alongar-se. Por exemplo: a bebida glucosada Lucozade foi vendida durante anos como remédio infantil sob o *slogan* "Lucozade ajuda na convalescência". Vinha em grandes garrafas envoltas em celofane amarelo, tinha uma imagem medicinal e poucas oportunidades de alongar-se. Na década de 1980, a marca foi relançada com uma promessa de energia positiva, usando a figura de um famoso atleta do Reino Unido chamado Daley Thompson. A verdade do produto glucosado permaneceu a mesma, mas foi empregada para amparar um conceito maior e mais vulgarizado. Garrafas menores para consumo individual apareceram em lojas pequenas, onde jovens costumavam comprar refrigerantes. Esse relançamento serviu de plataforma para que a marca invadisse a área das bebidas esportivas com Lucozade Sport, em 1991. A marca conseguiu prevalecer com uma participação de 70% nesse mercado vasto e de rápido crescimento, apoiada pelo patrocínio de esportistas de primeira linha do Reino Unido, como o jogador de futebol Michael Owen.[2]

O Coração de uma Marca Saudável

A maioria das *marcas* saudáveis traz no coração um *produto-base* forte. Esse produto "capitânia" é o que melhor encarna o conceito da marca, sendo não raro o original com o qual ela nasceu. A Johnson's tem agora um leque amplo (Figura 2.2), mas muitos consumidores americanos ainda pensam no shampoo para bebês quando indagados a respeito da marca.[3] Outros exemplos de produtos-base são o Porsche 911, a bota Timberland, os Kellogg's Cornflakes e a camisa pólo Lacoste. Ter um produto-base forte propicia duas vantagens capitais: lucros e credibilidade.

Fonte de Lucros

No nível mais fundamental, o produto-base é freqüentemente o maior e mais lucrativo do espectro. Vimos, no capítulo anterior, que embora a Dove tenha se alongado para diversas áreas novas, o sabonete ainda é responsável por metade das vendas. Além disso, produtos-base são, às vezes, mais simples que as extensões subseqüentes e, portanto, apresentam margens brutas mais elevadas.

Fonte de Credibilidade

Em muitos casos, o produto-base é fonte de credibilidade e autenticidade. Andy Fennell, presidente de marketing global da Smirnoff, declara que isso funciona para a bebida pré-misturada Smirnoff Ice (Figura 2.3): "Tal qual sucede com qualquer inovação e marca afim, a vodka Smirnoff Red empresta estatura e credibilidade à sua extensão."[4] Eis aí uma importante diferença com relação a marcas novas como Reef. A Smirnoff Ice pode muito bem ser a fatia da marca que cresce mais rapidamente, vendendo já 4,7 milhões de caixas que correspondem a 22% do volume total da marca, mas a companhia continua a investir pesadamente na vodka original. Falhar nisso poderia provocar a erosão do alicerce sobre o qual a extensão foi construída. Poderia também minar o apelo da Smirnoff Ice, arrastando consigo futuros produtos de expansão à base de vodka.

Figura 2.2: Produto-base e extensões da Johnson's.
Reproduzido com a permissão da Johnson & Johnson.

Figura 2.3: A vodka Smirnoff Red como fonte de credibilidade para extensão.
Reproduzido com a permissão da Diageo.

Ancorando o Leque do Produto-Base

Expandir o leque o produto-base deveria ser a grande prioridade do alongamento de marcas. Isso costuma ser mais fácil quando o leque possui um produto "âncora" inquestionável: a versão mais simples, mais pura, mais autêntica. O sorvete de chocolate Magnum é o produto-base da marca e dentro dessa base a versão do chocolate original representa a âncora. Extensões de sabor como chocolate branco ou amêndoa podem posicionar-se frente à versão original. Podem enfatizar atributos e benefícios específicos, em vez de comunicar o conceito integral do produto (Figura 2.4).

Ainda que a versão âncora muitas vezes decline à medida que novas versões vão sendo lançadas, as empresas inteligentes continuam a estimulá-la. Reconhecem que esses produtos constituem importante fonte de credibilidade na qual novos produtos possam se apoiar. Por isso o tradicional vermelho e branco da Classic Coke aparece nos comerciais da marca e no

Versão âncora: chocolate   Outros sabores: amêndoa e chocolate branco

Figura 2.4: Versão âncora e sabores adicionais.
Reproduzido com a permissão da Unilever plc.

patrocínio da Copa do Mundo de futebol. Os carros Ferrari de Fórmula 1 exibem o vermelho da versão âncora de Marlboro, não o dourado de Marlboro Lights (Tabela 2.1).

O mercado de cervejas americano mostra as vantagens de ter uma versão âncora e os prejuízos de não tê-la.

Tabela 2.1: Produtos-base e versões âncora.

Marca principal	Produto-base	Versão âncora do produto principal	Outras versões
Bacardi	Rum	Carta Blanca	Lemon, Bacardi 8 (rum envelhecido)
Kellogg's	Cornflakes	Original	Chocolate, Crunchy Nut
Marlboro	Cigarros	Vermelho top	Light, Medium, Ultra Light
Smirnoff	Vodka	Vermelho (40°)	Black (50°)
Dove	Sabonete	Azul original	Pele sensível, Sem perfume

Bud e Bud Light: Sol e Planetas

A Budweiser, marca, tem a Budweiser, produto, como sua âncora: não a Bud Original nem a Bud Classic, apenas a Bud. A versão original já circulava por volta de 1879 e a identidade de embalagem permaneceu consistente durante todo esse tempo. Ela é a estrela das famosas campanhas publicitárias da marca, "Wassup" e "Frogs" ["O Que Há?" e "Rãs"], sendo usada também nas persistentes comunicações de qualidade do produto que vendem os benefícios da cerveja fresca. Extensões satélites podem, pois, orbitar ao redor desse sol e absorver a sua imagem de autenticidade.

A Bud Light foi um sucesso à parte, que atendeu ao crescente interesse dos americanos por produtos com baixas calorias. Ela se beneficia de todas as credenciais de autenticidade, herança e sabor da versão âncora da Bud, ficando, ao mesmo tempo, livre para enfatizar seu próprio sabor e personalidade mais jovem, mais irreverente. Hoje, a Bud Light é responsável por quase metade das vendas da marca, que em boa parte se devem à versão original. Inimigos ferrenhos de extensões, como Jack Trout, apontam o dedo para isso e protestam que "a Bud tem 'Buds para você' demais e a Bud Light está devorando a Budweiser básica".[5] Entretanto, o que ele deixa de sublinhar é que a marca, como um todo, *cresceu 40%* desde o lançamento da Bud Light.

Em contrapartida, a concorrente Miller não conseguiu implantar uma versão âncora forte, tornando muito mais difícil a extensão de seu lequebase. A cerveja original da Miller era a Miller High Life. Todavia, quando a empresa lançou uma revolucionária cerveja *light* em 1975, de fato resolveu fazê-lo como uma marca nova: Lite (da Miller). A marca Miller destacou-se depois pela embalagem, mas a ênfase continuou na Lite. Um dos motivos dessa estratégia era a tentativa de isolar a Miller High Life de toda publicidade negativa em torno de cervejas leves, mas havia um problema: a Miller High Life não podia ser considerada mera versão âncora conforme sucedera à Bud. Em 1985 seguiu-se uma extensão maior, com a Miller Genuine Draft, mais sofisticada e mais cara. De novo, ela acabou se tornando uma marca nova, com a expressão "MGD" vulgarizando-se como "pedido no balcão" e aparecendo no rótulo. A Miller, no fim, viu-se com três marcas diferentes que partilhavam o mesmo nome de categoria. Cada uma tinha o seu próprio posicionamento, com destaque para Lite, MGD e High Life. Há menos sinergia entre esses produtos do que entre a Bud e a Bud Light. O mo-

Resumo da Bud Light
1. Uma versão âncora facilita o lançamento de extensões a partir da base.
2. É difícil lançar uma versão âncora "depois do delito".

delo parece ter sido menos bem-sucedido na promoção de crescimento, pois a Miller apresenta um total de vendas inferior ao da época em que a MGD foi lançada.

A Miller tentou retificar a falta de uma versão âncora readaptando uma já existente. A "cerveja Miller" foi lançada em 1996 com 50 milhões de dólares de apoio de marketing e um produto de sabor excelente. No entanto, faltava-lhe uma razão clara para existir. Por que trocar a velha e boa Bud por essa novidade sem raízes, história e credibilidade? O lançamento fracassou e a cerveja foi tirada do mercado. O novo proprietário, SAB, conseguiu estabilizar as vendas da marca e está estudando planos de relançamento.

Mesmo um produto-base e uma versão âncora fortes podem ser abalados quando os alongamentos não são convenientemente administrados. Examinaremos agora alguns dos riscos para o leque-base e como evitá-los.

Negócio Arriscado

Embora seja exagerada a reação de profissionais como Jack Trout às extensões, eles estão certos ao ressaltar os riscos que essas medidas representam para o negócio principal da empresa (Figura 2.5). Isso inclui roubar a idéia de outro, canibalizar e contrair a síndrome do brinquedo novo.

Roubo de idéias

As extensões podem tirar vantagem de inovações excitantes que melhor conviriam à revitalização da base. A regra básica exige que se pergunte se há alguma barganha envolvida na mudança de produto.

Quando mais significa mais

Fortalecer o produto-base é o melhor caminho quando a mudança desse produto aumenta o desempenho sem nenhuma barganha. Por isso os grandes fabricantes de automóveis como a Ford procuram atender à demanda crescente de itens de segurança como freios ABS e *air bags*, criados pela Volvo. Em vez de produzir suas próprias extensões de carros mais seguros, eles integraram esses itens aos modelos existentes. Fez-se isso, no começo, sob a forma de acessórios opcionais, que aceleraram os lucros. Por fim, os acessórios já eram esperados do carro e oferecidos como padrão.

Quando mais significa menos

A extensão é o melhor caminho quando modificar o produto acrescenta alguns benefícios, mas pode eliminar outros. A Head & Shoulders queria responder à exigência de um shampoo adequado a lavagens regulares e desenvolveu uma versão para uso diário. O produto apresentava uma quantidade menor de ingredientes ativos e um sistema de limpeza mais suave. Se ele fosse usado para substituir a versão original, os consumidores antigos ficariam desapontados ante a baixa eficiência e abandonariam a marca. O novo produto foi lançado como extensão do leque e conseguiu um montante de vendas de cerca de 10%, atraindo novos usuários para a marca.

Canibalizar

Como o nome sugere, trata-se do risco de uma extensão devorar outros membros da família. Esse risco aumenta no caso de extensões que são "clones de marcas", sem diferenciação frente aos produtos existentes. A Crest

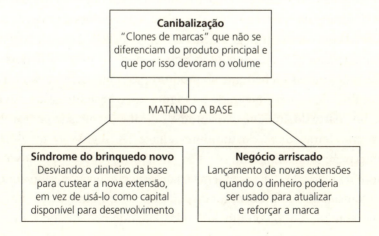

Figura 2.5: As extensões podem prejudicar seriamente a saúde da marca.

passou décadas lançando novas variações de pasta de dentes para controle de tártaro, proteção das gengivas e branqueamento dos dentes. Nos Estados Unidos, a participação caiu de 50% com um produto para 25% com cinqüenta produtos.[6] Cada lançamento competia pela mesma ocasião de uso, introduzindo valor de novidade – mas não valor agregado suficiente para alimentar o crescimento. O que a maior parte das pessoas queria era uma versão "todos-em-um", aliás, lançada com grande sucesso pela Colgate com o Colgate Total.

Devorar os lucros

Devorar volume já é suficientemente ruim. Contudo, a história fica pior ainda quando as extensões custam mais por causa dos itens extra e não conseguem aumentar o preço, resultando, daí, uma margem menor de lucro. Assim, não só o novo engole o velho como a rentabilidade do negócio total diminui. Esse problema ocorre freqüentemente porque as mudanças absorvem mais dinheiro da companhia sem acrescentar benefícios relevantes para o consumidor. Se você estiver realmente agregando valor, poderá tranqüilamente subir os preços.

Lançar e correr

O problema da canibalização tende a manifestar-se com mais freqüência devido à síndrome da "porta giratória" que ataca as equipes de marca, para as quais a cada dois anos entra gente nova. A tendência é "lançar e correr": faça uma extensão que incremente as vendas a curto prazo e depois passe adiante, antes que as rachaduras no produto-base comecem a aparecer. O tipo de gráfico de vendas mostrado na Figura 2.6 é bastante comum. Observe que boa parte do aumento no volume inicial é canalizada para reabastecer as prateleiras dos consumidores-chave. A seguir, o nível já não permanece tão alto, sobretudo se a taxa de retorno for baixa. O novo administrador da marca herda o problema e não raro comete o mesmo equívoco: outra extensão que enfraquece ainda mais a base, e assim vai. No fim, vê-se às voltas com o mesmo volume de vendas, quando não menor, pulverizado pelo grande número de produtos.

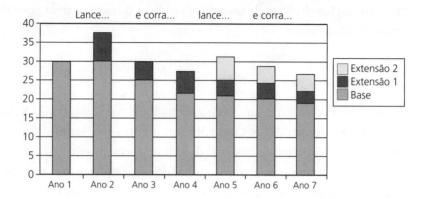

Figura 2.6: Papai e mamãe devorados.

Um certo grau de canibalização da base ocorre com a maioria das extensões, mas ele pode ser minimizado e não chegar a pôr em risco a vida da marca. Lançar extensões que agreguem valor real é uma das maneiras de conseguir isso, conforme já discutido. O maior erro a evitar, porém, talvez seja engolir os recursos humanos e financeiros do produto principal.

Síndrome do Brinquedo Novo

Sempre existe a tentação de gastar mais tempo, dinheiro e energia com a extensão nova e atraente do que com o negócio principal. Por isso, os fundos para a nova extensão costumam ser tirados do orçamento do leque do produto-base, deixando-o assim à mercê da concorrência. Em muitos casos, o retorno desse investimento é menor do que se o dinheiro fosse mantido à disposição do produto principal. Por exemplo, um administrador contava entusiasmado que a nova extensão de sua marca havia conseguido cem mil unidades extra de vendas. Mas, ao que parece, ele ignorava que, se houvesse aumentado em 2,5% os quatro milhões de unidades da versão original, teria obtido um retorno muito melhor do investimento.

Às vezes, a síndrome do brinquedo novo manifesta-se quando as marcas alongam para áreas totalmente novas e financiam a aventura com o orçamento do produto-base. Também correm esse risco as marcas de um produto só, quando deixam de concentrar-se na versão âncora e passam a ruminar variações, como formatos ou sabores. Esse foi o problema que provocou o trágico declínio de uma das marcas outrora mais bem-sucedidas do Reino Unido, Tango.

Tango: A Laranja Esquecida

A Tango obteve enorme sucesso no mercado de refrigerantes do Reino Unido durante a década de 1990 ao enfatizar o gosto refrescante de sua bebida efervescente de um modo bastante divertido. Homens gordos fantasiados de laranja, mãos com luvas alaranjadas e balões incandescentes da mesma cor foram usados para mostrar que "Você percebe quando foi tocado pela Tango". No entanto, a marca logo fragmentou seu marketing numa série de novas extensões de sabor, enquanto a Coke se concentrava na Fanta Laranja. A Tango perdeu a liderança de que gozara, tanto em termos de vendas quanto de imagem de marca. Conforme comentou a revista *Marketing*, "A Fanta está de fato dando uma surra na Tango, que agora se esforça para recuperar suas vendas em franco declínio."[7] O valor de vendas da Tango, no total, despencou 21% em 2002, enquanto o da Fanta subia para 69%.[8] A estratégia explícita da gigante de Atlanta para "matar a Tango" está na iminência de concretizar-se.

Contar Histórias Demais

O grande erro da Tango não foi o lançamento de novos sabores como Maçã e Tropical; foi o *modo* como o fez, causando dano à marca. Cada variante teve sua própria campanha publicitária, apoio da mídia, promoção e incentivo às vendas. Em vez de ajudar a construir uma grande idéia de marca, cada versão se apresentou com personalidade única. A marca fragmentou seus esforços ao contar muitas histórias diferentes, em lugar de vários capítulos do *mesmo* folhetim. Isso exigiu não apenas dinheiro como, o que é igualmente importante, administração de tempo por parte da equipe de marca, da agência e do esforço de vendas. Como tantas vezes acontece, grande parte dos recursos humanos e financeiros para os novos sabores foi desviada da versão âncora. E para piorar as coisas, isso aconteceu justamente quando a Fanta estava desfechando um ataque concentrado e em escala total para "abocanhar a laranja".

Em segundo lugar, os novos sabores da Tango atraíam menos que a laranja original, não conseguindo por isso derrotar ou mesmo igualar os produtos da concorrência contra os quais haviam sido lançados. Faltou valor agregado e a marca teve de enfrentar acirrada concorrência. Por que um bebedor feliz de Lite mudaria para a Tango Tropical se esta tinha o mesmo gosto ou pior? Ademais, o conceito "refrescante" não se aplicava tão bem a frutos tropicais quanto à sumarenta laranja. As vendas extra das novas variantes não lograram compensar a perda de volume na versão âncora à base de laranja.

Fragmentação Posterior

A fragmentação se revelou ainda mais perniciosa em virtude da proliferação de tamanhos e formatos, afora a adição de novas versões dietéticas em todos os sabores, menos um. O resultado foi, literalmente, uma enorme explosão de diferentes "unidades de estoque". O negócio total ficou não apenas menor do que antes das extensões como acabou dividido entre esse grande número de produtos, contra os quatro ou cinco originais.

A Tango resolveu enfim voltar ao básico em 2002. Lançou uma nova campanha inspirada no "lance da fruta integral", com enfoque unicamente na variante do produto-base de laranja. Até o velho *slogan* "Você foi tocado pela Tango" ressuscitou. Os primeiros sinais são promissores – mas talvez muito poucos e muito tardios para a Tango.

> **Resumo da Tango**
>
> 1. Negligencie a base por sua própria conta e risco.
> 2. Evite onerar a base para promover novas extensões.
> 3. Amplie seletivamente a base, certificando-se de que os novos produtos irão agregar valor na luta contra a concorrência.

Conclusões Principais

1. Muitas marcas fortes têm no coração um sólido produto-base que enseja um fluxo de lucros saudáveis e uma fonte de credibilidade.
2. As extensões do leque do produto-base tornam-se mais fáceis quando há uma versão âncora para servir de ponto de referência.
3. O mau uso da extensão pode prejudicar seriamente a marca roubando volume, diluindo lucros e desviando investimentos.

Questionário 2: Fortalecer a Base

	Sim	Não
• A sua marca está forte e saudável frente à concorrência tanto em termos de imagem quanto de crescimento de vendas?	☐	☐
• Você tem um produto-base ao estilo do sabonete Dove ou da bota Timberland?	☐	☐
• No âmbito da base, você faz uma idéia clara da versão âncora (sol) ao lado da qual poderá posicionar futuras extensões (planetas)?	☐	☐
• Quando examina uma extensão do leque-base, você acha que *precisa* estender em vez de fomentar o produto principal?	☐	☐
• Você está apoiando suficientemente o produto principal para evitar a armadilha da "síndrome do brinquedo novo"?	☐	☐

 Passando Conhecimento

Realçamos a importância de possuir uma marca forte e saudável como a primeira etapa de um programa de alongamento. Além disso, os papéis principais desempenhados pelo produto-base e a versão âncora foram passados a limpo. O próximo capítulo estudará o desenvolvimento de uma visão voltada para o futuro, capaz de inspirar e orientar o alongamento de marca.

Segundo Passo: Visão

CAPÍTULO 3

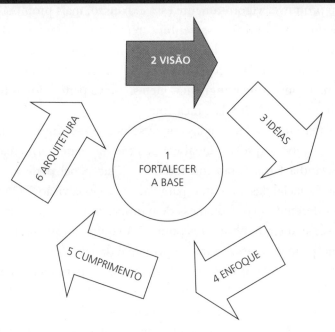

 **Resumo**

De posse de uma marca e de um produto-base saudáveis, pode-se pensar no futuro. O estímulo para elaborar uma definição mais ampla de seu mercado irá ajudá-lo a vislumbrar oportunidades de alongamento de marca, bem como ameaças potenciais de concorrentes. Insufla também em toda equipe um senso de direcionamento, assegurando-lhe que as extensões não só promovem vendas como desempenham um papel importante na construção de uma grande idéia de marca. Sem essa visão, novas extensões ficam livres para assumir vida própria, comprometendo a coerência da marca e diluindo a mensagem da base.

GPS para Marcas

Alongar uma marca sem uma visão clara é como dirigir no escuro sem faróis. Você não tem idéia de para onde está indo, dos obstáculos que tem de evitar e de qual caminho escolher. Mais cedo do que pensa, sofrerá um acidente. A Disneylândia Paris (DLP) enfrentou esse problema em meados da década de 1990, quando planejou o lançamento da Space Mountain [Montanha Espacial], uma nova atração que custou milhões de dólares. O dilema era: como promover vigorosamente essa expansão, mais promissora e excitante que qualquer outra? Essa ventura trepidante e quase amedrontadora deveria ficar com a parte do leão do orçamento do ano seguinte ou ser lançada com menos estardalhaço? Tratava-se de um grande desafio, porquanto o parque não conseguira atingir suas metas, estava perdendo dinheiro e, segundo a imprensa, à beira da bancarrota.

Duas perguntas relacionadas com a solução desse impasse deixaram a equipe da Disney perplexa: "Qual é a posição da 'marca principal', a visão da Disneylândia Paris como um todo?" e "Que papel poderá a extensão Montanha Espacial desempenhar para dar vida a essa visão?" O número de respostas diferentes à volta da mesa de reuniões mostrou que não havia posição consensual em nenhum dos pontos! A equipe dirigia no escuro.

Como primeiro passo, a marca principal da DLP foi desenvolvida por uma equipe formada por membros de diferentes departamentos do parque, como marketing, vendas e "imagenharia" (o setor dinâmico dos fomentadores de produtos da Disney). A promessa de marca resultante capturou a natureza ativa, e não passiva, da experiência da DLP e o seu apelo a todas as pessoas, de qualquer idade:

> A Disneylândia Paris é uma terra mágica onde pessoas de todas as idades vivem as aventuras com que sempre sonharam.

Com uma idéia mais clara do posicionamento da marca principal, ficou bem mais fácil explorar o potencial da extensão Montanha Espacial. Uma pesquisa de consumo confirmou que ela possuía o fator de excitação e desafio pressuposto pela equipe. Contudo, é importante notar que essas sensações faziam parte de uma aventura temática instigante: ir da terra à lua era algo que qualquer um desejaria empreender. Em outras palavras, a Montanha Espacial enfatizava à perfeição o posicionamento da marca-mãe. Concordou-se em que a Montanha Espacial seria o "produto estrela" para o relançamento de 1994: a "Levi's 501 do parque". Em conseqüência, uma fatia significativa do orçamento anual foi posta à disposição do projeto. O número de visitantes aumentou bastante e o parque obteve lucros pela primeira vez, estando prestes a se tornar a maior atração turística da Europa.

A história mostra os benefícios de um posicionamento claro e atraente, que explore a vantagem competitiva de uma marca. Ela funciona como um GPS (Global Positioning System, "Sistema de Posicionamento Global"), ajudando você a navegar para o destino desejado e dizendo-lhe se está no rumo certo ou desviou-se (Figura 3.1). Ajuda também a orientar a geração de idéias relevantes e diferenciadas. No entanto, inúmeros desafios rondam qualquer equipe que assuma semelhante tarefa.

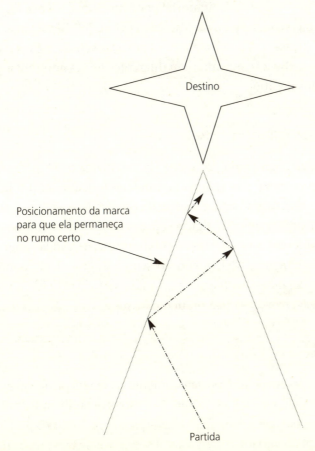

Figura 3.1: GPS para marcas.

Marca Principal e seus Desafios

Posicionar uma marca de produto único é tomar um caminho relativamente reto, desde que haja uma nítida verdade de produto a partir da qual se comece a construir. Todavia, quando se inicia o processo do alongamento, o desafio do posicionamento da marca torna-se muito mais árduo. Por um lado, você precisa de uma grande idéia que empreste sentido ao leque mais amplo de produtos, assegurando a manutenção da coerência e da consistência. Do contrário, cada produto assumirá vida própria e a marca principal será relegada ao papel de endossante simbólico de qualidade. Por outro lado, você deve ter uma visão que estimule a inovação, em vez de sufocá-la.

A tarefa fica mais difícil por causa dos numerosos grupos de interesse na organização que querem participar do processo estratégico de desenvolvimento. Calá-los com uma atitude ditatorial pode funcionar se você for um CEO todo-poderoso e visionário como Michael Dell ou Jeff Bezos; mas, na maior parte das empresas, essa é uma receita para a dissensão e para o desastre. A alternativa de buscar subsídios em diferentes fontes apresenta, porém, os seus próprios desafios.

Cozinheiros Demais Estragam a Receita

Muitas empresas se esforçam para posicionar bem a marca principal trabalhando "de baixo para cima", ou seja, começando pelo leque de produtos existentes para encontrar uma linha conceitual comum. Isso é como tentar resolver um quebra-cabeça do qual algumas peças não se encaixam no desenho. Equipes de diferentes categorias de produtos ou mercados geográficos acabam, invariavelmente, "defendendo o seu cantinho". Um compromisso diluído pode deixar todos felizes, mas essa estratégia tímida e nada inspiradora fica engavetada, sem uso prático para ninguém.

De Volta ao Futuro

Um meio melhor de desenvolver o posicionamento da marca principal é começar pelo futuro e voltar para a realidade. Isso envolve também trabalhar "de cima para baixo": da marca principal para os produtos (Figura 3.2). Uma equipe multinacional de variadas categorias, a serviço da marca alimentícia

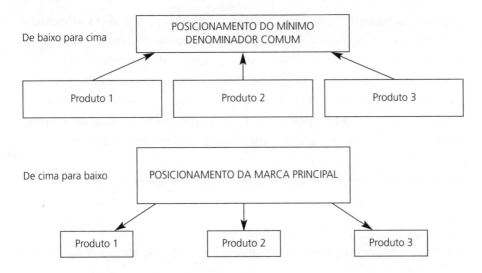

Figura 3.2: Diferentes abordagens da visão da marca.

Knorr, usou essa abordagem para desenvolver sua visão global. A reviravolta se deu quando os integrantes foram convidados a renunciar aos seus pontos de vista baseados no produto ou no mercado e trabalhar em grupo numa idéia nova, centrada no futuro, para a marca. Deviam agir como diretores da empresa Knorr, não como barões de mercados locais, e responder a algumas perguntas desafiadoras:

- Que tipo de marca vocês gostariam de ter dentro de quatro ou cinco anos?
- Que valores pretendiam incentivar e defender?
- Que promessa fariam caso criassem um leque de produtos a partir do nada?
- Que outro propósito tinham em mente, mais ambicioso que a simples venda de produtos individuais?

Esse processo gerou mais energia, entusiasmo e dedicação do que se o pessoal começasse pelo que já tinha na mesa (ver Tabela 3.1 para visualizar melhor os detalhes do processo). Para a marca principal, desenvolveu-se a promessa de "dar às pessoas confiança e apoio a fim de tirarem algo mais dos alimentos de sempre". Isso foi instigado pela palavra de ordem: "mais sabor na sua vida" no *site* da marca. A equipe pôs-se então a trabalhar no leque *ideal* de produtos que desse corpo à idéia. Chegou-se logo a inovações como o lançamento, no Reino Unido, das sopas Knorr Vie, de sabor agradável, mas que também proporcionam as cinco porções diárias recomendadas de frutas e legumes. Além disso, outros produtos do portfólio da Unilever que se harmonizavam com a visão foram renomeados como Knorr (por exemplo, os molhos Chicken Tonight). Finalmente, produtos mais antigos e tradicionais tiveram o apoio sustado ou removido por não se adequarem tão bem à visão, como caldo de carne em tabletes e mistura de temperos.

Tabela 3.1: Sugestões para a equipe encarregada de elaborar a visão.

Linha geral: A experiência em projetos de visualização e posicionamento com cinqüenta marcas mostra que muitas delas não conseguem agregar valor suficiente ao negócio. Desandam em exercícios teóricos que apenas "simulam" funcionar, mas não melhoram o conjunto das marcas. As sugestões seguintes são lições extraídas de projetos mais bem-sucedidos, que realmente fizeram diferença:

1. *Liderança forte e experiente:* todo projeto necessita de uma pessoa experiente, com influência real para conduzi-lo. Em primeiro lugar, eles têm credibilidade e conhecimento para convencer os membros da equipe a empenhar-se de corpo e alma. Em segundo lugar, possuem autoridade e autoconfiança para tomar decisões cruciais, ainda que elas não agradem a todos.

2. *Uma equipe, não um comitê:* o projeto Knorr descrito acima dispunha de uma equipe central de apenas oito pessoas, com representantes da estratégia global, dos mercados-chave e de suas duas agências. Os dois critérios básicos para a equipe central são influência dos negócios e valor agregado. Quem não contribui pelo menos para um desses níveis fica sendo espectador e não participante, mas suas opiniões podem ser consideradas fora das reuniões principais.

3. *Comece com o fim em mente:* deve haver uma idéia clara de como a estratégia irá propiciar um leque de marcas melhor. A equipe tem de considerar quais projetos de desenvolvimento conjunto poderão ser orientados pela nova estratégia. No caso do trabalho de visualização de Omo, uma das maiores marcas de sabão da Unilever, o plano estratégico desemboca diretamente nas instruções para embalagem, propaganda e promoção. A idéia de ajudar as crianças a crescer e se desenvolver com a liberdade de se sujar foi logo comunicada com o slogan: "Quem não se suja não aprende."

O posicionamento foi abordado pormenorizadamente no meu primeiro livro, *The Brand Gym*.[1] Aqui, vamos nos concentrar nos desafios e problemas específicos com que as marcas principais se defrontam. Começaremos tentando definir o seu mercado de um modo mais amplo e obter um ponto de vista sobre o impacto que você deseja exercer sobre ele. Em seguida, edificaremos a partir desse alicerce com uma revisão minuciosa do posicionamento da marca principal, inclusive público-alvo, percepção e promessa. Um resumo de su-

SEGUNDO PASSO: VISÃO **63**

gestões e truques de posicionamento é fornecido no Apêndice 1, com definições de ferramentas no Apêndice 2 e um modelo detalhado no Apêndice 3.

Um Marketing Menos Míope

O primeiro passo importante para inspirar e desenvolver uma visão da marca principal é assumir uma postura menos míope ou imprevidente do seu mercado. Definir o mercado de modo mais amplo abrirá seus olhos para novas oportunidades de alongamento. Se não definir o mercado de modo suficientemente amplo, você correrá o risco de permanecer cego a ameaças potenciais. Por exemplo, a Encyclopaedia Britannica supôs estar no mercado de venda de livros, não no de educação. A companhia desdenhou a introdução do CD-ROM Microsoft Encarta, baseado numa enciclopédia de segunda linha. Insistiu no seu modelo de vinte volumes de qualidade superior, vendidos de porta em porta ao preço de mil dólares a coleção. No entanto, o consumidor se preocupava menos com a profundidade e excelência do conteúdo do que com a facilidade de uso e um preço acessível. A Encyclopaedia Britannica resolveu, tarde demais, estender a marca para a área interativa. Nessa época, o seu negócio estava quase em fase terminal e a Microsoft assumira a liderança.

A diretoria da Blockbuster, no Reino Unido, é uma das equipes que descobriram como a redefinição de mercado pode abrir a mente para uma visão mais ampla, mais inspiradora da marca.

Blockbuster: Fora da Área de Vídeo

Por muitos anos, a Blockbuster viu-se como parte do negócio de aluguel de fitas de vídeo. Na tabuleta da loja, lia-se: "Blockbuster *Video*". Isso foi bom enquanto a penetração do vídeo ia de vento em popa. Mas no fim dos anos 1990, o mundo todo do entretenimento doméstico passou por um abalo sísmico. O DVD se impunha rapidamente, bem como o novo formato de aluguel e compra de filmes. O satélite, o cabo e a banda larga multiplicavam os canais alternativos nos quais as pessoas podiam ver seus filmes prediletos. E, além dos filmes, houve uma verdadeira explosão no terreno dos jogos eletrônicos. Essas mudanças forçaram a Blockbuster a pensar melhor no futuro.

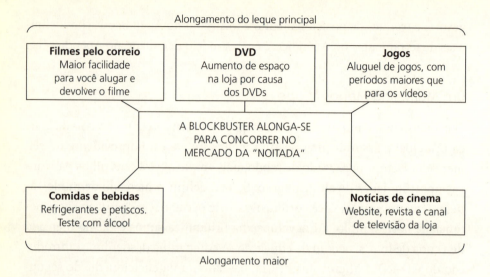

Figura 3.3: Como novas definições de mercado inspiram os alongamentos da marca.

A idéia de ruptura foi redefinir a arena da concorrência como o mercado da "noitada". O aluguel de vídeos era, obviamente, parte disso. Contudo, a nova definição abriu a mente dos membros da equipe para outras importantes extensões de serviços que poderiam apresentar dois grandes benefícios (Figura 3.3). Em primeiro lugar, elas proporcionariam mais experiência sobre a noitada; aumentando a satisfação com a Blockbuster; em segundo, gerariam outros fluxos de renda.

O principal movimento foi promover agressivamente o DVD como extensão do leque de produtos-base, atribuindo a esse formato um espaço de loja bem superior ao de sua participação no mercado. A medida trouxe benefícios em termos de qualidade superior dos filmes, mas também melhor utilização do espaço comercial devido ao pequeno tamanho do produto. O aluguel de videogames foi igualmente introduzido para capitalizar o crescimento explosivo desse mercado, agora maior que o do cinema e da música juntos.

Novos alongamentos se projetaram da base para outros aspectos da noitada.

Resumo da Blockbuster

1. Seja menos míope com relação ao seu mercado.
2. Descubra qual promessa de peso você pode fazer com base nessa definição mais ampla.
3. Traduza essa promessa em idéias para ampliar o leque de produtos-base e fazer um alongamento maior.

Produtos complementares como refrigerantes, salgadinhos e sorvetes já estão à venda. A marca começa também a oferecer serviços como uma revista de cinema que ajuda a escolher filmes. No que toca ao pessoal, a empresa procura contratar empregados para a loja que estejam de fato interessados em cinema e possam, assim, dar sugestões aos clientes para que eles tenham uma grande noitada.

Suba a Escada da Marca

A história da Blockbuster mostra que uma definição bem ampla do mercado pode ajudar você a desenvolver uma idéia mais ambiciosa para a marca principal, a fim de estimular a concretização de novas extensões. O processo de excogitar um benefício maior e mais vasto é, às vezes, chamado de "subir a escada". Isso pressupõe fazer a pergunta "por quê?" várias vezes, como um fedelho curioso. A equipe da Blockbuster indagou por qual razão alugar um vídeo era mesmo importante e descobriu que daí dependia em parte o sucesso da grande noite prometida. A Blockbuster começou então a transformar-se de loja de aluguel de vídeos em "promotora de boas noitadas". Essa idéia, por sua vez, ajudou a gerar idéias novas de alongamento, como formatos inéditos de filmes, e de produtos de uso complementar, como petiscos e bebidas.

Veremos agora, analisando o relançamento da Pampers, como a redefinição de mercado pode constituir o fundamento de uma nova e inspiradora visão da marca-mãe.

Pampers: Do Bumbum ao Bebê

Depois de quarenta anos concentrada em fraldas, no final dos anos 1990 a equipe da Pampers desenvolveu uma visão maior, mais ampla. Essa nova visão (ver a tentativa, na Figura 3.4, de estabelecer o posicionamento da marca principal) inspirou e orientou uma transformação de todo o conjunto de marcas, inclusive comunicação aos pais, oferta do produto e marketing direto. Extensões do leque do produto-base (fraldas) aumentaram as vendas no Reino Unido em 10% e invadiram mercados adjacentes, gerando novos negócios da ordem de 150 milhões de dólares.

Em Busca de Novos Caminhos

Como sucedeu à Blockbuster, o primeiro desafio enfrentado pelos membros da equipe foi abrir os olhos para uma *definição de mercado* mais ampla. Eles logo concluíram que as fraldas eram apenas uma, embora importante, parte do conceito "ajudar a manter a pele delicada do bebê protegida e saudável". A marca tinha potencial para fazer muito mais pelos pais nessa área, conforme o demonstrou o êxito que alguns mercados já haviam obtido com produtos de higiene para bebês. Tendo em mente a idéia da pele protegida e saudável, a equipe começou a buscar novos caminhos.

Para permitir o trabalho de percepção, o *alvo principal* foi estritamente definido com vistas a desenvolver um quadro vívido e colorido do usuário de Pampers. Isso evitou o equívoco comum de ter um vasto público-alvo para a marca principal, na intenção de cobrir a totalidade do mercado e assim torná-la vaga, insípida e desinteressante. No caso da Pampers, o alvo era a mamãe ativamente dedicada ao desenvolvimento do seu filho e desejosa de aprender mais para tornar-se uma mãe melhor. Um *alvo de consumo* mais amplo, incluindo os pais e as mães "de segunda viagem", é atraído para a marca porque aspira aos mesmos valores do produto-base (Figura 3.5).

Minuciosas pesquisas com esse público-alvo foram complementadas por discussões internas e entrevistas com pediatras. Empregou-se uma série de "testes de percepção" com perguntas do tipo "Por que uma pele saudável é importante?" e "O que acontece quando um produto funciona bem e quando falha?" Esse trabalho ajudou a descobrir um novo e poderoso *conceito*: "pele saudável é importante para que o bebê possa brincar, aprender e desenvolver-se". Era mais moderno e mais inspirador que o conceito antigo de "os pais sentem culpa quando seus bebês estão molhados, pois isso provoca assaduras". A *promessa de marca* final, a razão mais persuasiva para preferir a Pampers, foi: "Sempre ao seu lado para comemorar e ajudar você a criar o seu bebê."

Esse novo posicionamento contornou o risco que as marcas principais correm ao desenvolver uma estratégia frouxa e insossa na tentativa de cobrir todas as extensões possíveis do produto. A Pampers assumiu uma posição clara e confiante ao concentrar-se no desenvolvimento da criança. Isso ajudou o posicionamento a sair-se melhor segundo os três critérios básicos de avaliação da estratégia utilizada (Figura 3.6):

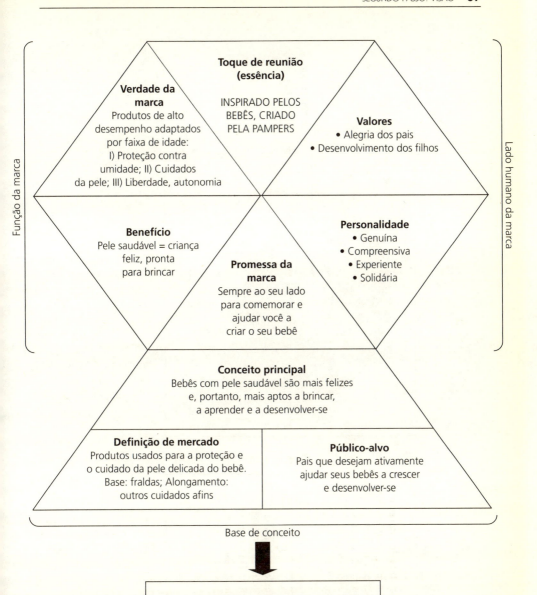

Figura 3.4: A visão de marca principal da Pampers (do próprio autor).

68 ALONGANDO A MARCA

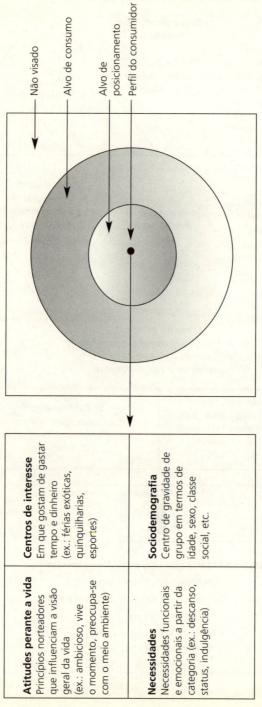

Figura 3.5: Alvos do consumidor.

- *Motivação*: a promessa de dar-lhe a certeza de que cuidar do desenvolvimento do seu bebê foi uma grande idéia, com um componente emocional. Isso se revelou estimulante para os consumidores, mas também inspirador para a equipe da marca. A promessa, contudo, estava amparada por um *benefício* funcional óbvio: "pele saudável = bebê feliz, apto a brincar, aprender e desenvolver-se." Em suma, havia alguma substância e não apenas caldo.
- *Diferença*: a ênfase no desenvolvimento da criança diferia muito do posicionamento mais leve e mais jovial do principal concorrente, Huggies. Tinha, além disso, a vantagem de ser difícil de copiar por marcas de fraldas de varejistas menos experientes.
- *Verdade*: o posicionamento foi sustentado por algumas *verdades* de produto bastante claras, graças a itens de alto desempenho. O leque de fraldas básico "Bebê Seco" já propiciava boa proteção contra a umidade. Não bastasse isso, novas extensões de marca criativas foram cruciais para dar vida a essa visão.

Figura 3.6: Critérios de posicionamento da marca principal.

Novas Ferramentas para o Trabalho

O alongamento da marca traduziu a promessa da Pampers em produtos novos (Figura 3.7) que ajudam muito os pais a cuidar da pele delicada de seus bebês. Essa visão maior e mais ampla inspirou e orientou tanto a extensão do negócio principal quanto o alongamento de novas áreas que não estariam acessíveis ao posicionamento antigo, focalizado na proteção contra a umidade:

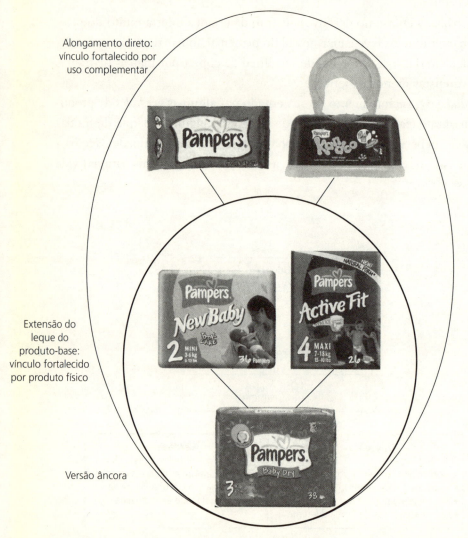

Figura 3.7: Alongamento da Pampers para a idéia de cuidado e proteção de pele delicada.
Fonte: Imagens do produto reproduzidas com a permissão da Procter & Gamble.

- *Negócio principal (fraldas)*: o trabalho começou por aí. Uma nova série de fraldas mais sofisticadas e caras foi desenhada para atender às necessidades de bebês em diferentes etapas de desenvolvimento. A "New Baby", por exemplo, foi criada especialmente para o caso de (ugh!) "uf! Ui!" provocado por uma dieta líquida. A "Active Fit" tem bordas flexíveis que permitem um ajuste perfeito quando o bebê já é maior e se mexe muito (um bebê consegue engatinhar por quase um quarto de quilômetro em vinte minutos; não admira que os pais estejam sempre cansados). Essas novas extensões obviamente encarnaram o conceito da marca sobre o desenvolvimento do bebê *e* a utilidade disso para a criação de novos produtos. Nos dezoito meses que se seguiram ao relançamento de 2001, a participação de mercado cresceu vigorosamente, de 47 para 55%, incrementada pelas extensões sofisticadas.
- *Alongamento para o cuidado da criança maior*: conseguiu-se isso com o lançamento de Kandoo, um papel higiênico mais resistente e macio em embalagem de fácil uso. De novo, esse é um bom exemplo da promessa da marca (desenvolvimento do bebê), pois ajuda a criança a conquistar independência nas suas tentativas de ir ao "banheiro dos adultos". A publicidade mostrou que um pimpolho torna-se "rei no trono" graças ao Kandoo da Pampers. O item é sustentado pelo benefício do produto de limpeza e cuidados da pele. Essa extensão superou todas as metas de vendas e está hoje quatro vezes maior que o concorrente mais próximo, o Extra Clean da Johnson & Johnson. Juntamente com outras extensões da mesma categoria, ela incrementou o negócio em mais de 150 milhões de dólares.

De Mãe Experiente para Amiga da Mãe

A segunda parte importante da tarefa de dar vida ao conceito foi definir e comunicar o lado humano da marca: os seus valores e personalidade. Durante anos, a comunicação da marca exibiu "mães experientes" como supervisoras de creches e pediatras dizendo às mães, com grande autoridade, que a Pampers conhecia melhor o assunto. *Valores* novos definiram os princípios norteadores e as crenças que poderiam estabelecer uma colaboração mais íntima entre a Pampers e os pais:

- *Ênfase na alegria* do relacionamento entre mãe e filho em vez de repisar riscos e aborrecimentos.
- *Desenvolvimento da criança*: a Pampers faz de tudo para entender como os bebês se desenvolvem em cada etapa da vida e compartilhar esse conhecimento com você.

A *personalidade* da Pampers evoluiu ainda para a tentativa de criar um vínculo mais estreito com o consumidor. A empresa queria também ver o mundo pelos olhos do bebê e empregar esse conhecimento para exibir um retrato mais autêntico e mais positivo das crianças pequenas. Distinguia-se assim de sua concorrente Huggies, cujas comunicações mostram bebês vestidos como gente grande, no afã de gerar publicidade divertida. Essa idéia está implícita no resumo do posicionamento da marca, o seu *toque de reunião* "Inspirado por bebês. Fabricado pela Pampers". A frase é usada como assinatura nas comunicações, mas funciona igualmente como um grande incentivo para a equipe da Pampers. (Não receie usar um *slogan* como toque de reunião/essência quando ele captar a idéia da marca em duas ou três palavras, ainda que isso infrinja o manual de regras. O segredo consiste, não nas palavras certas que expliquem por que você venceu no passado, mas numa frase que inspire e oriente a equipe em sua caminhada para o futuro.)

A nova personalidade da Pampers reflete-se na mudança de logotipo e identidade de marca, que são hoje mais otimistas e atuais. Trata-se de um franco rompimento com a velha postura, fundada numa imagem mais tradicional do bebê, que lembrava um boneco (Figura 3.8). Teria sido bem mais difícil lançar novas extensões excitantes, do tipo Kandoo, com a cara antiga da Pampers.

Diálogo da Marca

O marketing direto também foi remanejado para promover a nova visão e o novo leque. Malas-diretas para 95% das mães do Reino Unido são enviadas a tempo de coincidir com as principais etapas do desenvolvimento da criança. A correspondência inclui folhetos explicativos, escritos por pediatras, e cupons para os produtos mais apropriados do leque. O *site* Pampers.com foi relançado menos como um catálogo do produto do que como uma fonte de

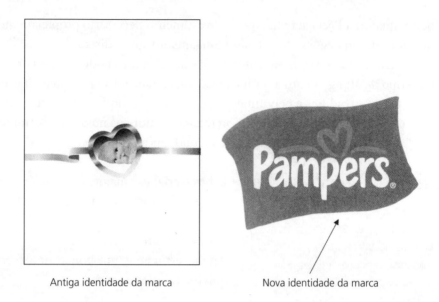

Antiga identidade da marca   Nova identidade da marca

Figura 3.8: Identidade de marca nova, inédita e mais moderna.
Fonte: Imagens do produto reproduzidas com a permissão da Procter & Gamble.

conselhos úteis durante as 24 horas do dia. Mais de quatrocentas mil pessoas visitam atualmente o *site* todos os meses. Um sistema opcional de correio eletrônico permite que a marca continue a se comunicar com os pais a cada etapa do desenvolvimento do bebê, usando uma combinação de conselhos úteis e promoção de produtos recomendados.

Lembre-se Daquilo que o Tornou Famoso

A Pampers conseguiu usar o alongamento direto para passar de uma marca de produto baseada no conceito de pele seca a uma fonte especializada em desenvolvimento infantil e cuidados com a criança. Curiosamente, isso significa que a marca deixou de criar uma plataforma guarda-chuva para pele saudável e penetrou em mercados mais distantes, como shampoo infantil e produtos de banho. A tecnologia para essas extensões existe na P&G, mas a equipe suspeita que isso possa ser uma egocentrização de marca. A especialidade da Pampers ainda está presa à pele delicada (isto é, bumbum). Além disso, há a forte concorrência da Johnson & Johnson, para quem os produtos de banho são o negócio principal. Ameaçar a J&J não é impossível, mas por enquanto a P&G acredita que o investimento necessário propiciará melhor retorno no negócio-base e nos alongamentos mais diretos.

Definir uma série de *motivadores de valor de marca* pode ajudar a orientar o tipo de alongamento a ser focalizado pela marca. Uma das maneiras de gerar tais motivadores é perguntar-se: "O que nos tornou famosos no começo?" e "O que realmente está proporcionando valor aos nossos consumidores?" No caso da Pampers, isso poderá conduzir ao seguinte:

> **Resumo da Pampers**
>
> 1. Um alvo-base compacto e uma percepção profunda geram um posicionamento mais sólido.
> 2. Ao alongar, procure delinear claramente a verdade do produto.
> 3. Pergunte o que o tornou famoso e use a resposta para orientar os esforços da extensão.

- Bebês e crianças maiores.
- Proteção e cuidados para uma pele saudável.
- Pele/bumbum delicados.
- Ajudar ao menos um pouco no desenvolvimento das crianças.

A pergunta sobre até que ponto uma marca pode alongar-se com *proveito* tem de ser feita por qualquer marca principal. Muito alongamento, cedo demais, pode ser aventura cara e decepcionante, uma lição aprendida a duras penas pelo *spray* masculino para o corpo Axe (chamado Lynx no Reino Unido).

Axe: Subidas e Descidas

No final dos anos de 1990, a Axe encetou um programa extremamente ambicioso e, na época, muito festejado de alongamento da marca. Ela já recorrera ao alongamento direto, a partir da base de desodorantes, para um gel de banho, tendo a fragrância como vínculo de marca. Seguiu-se uma extensão indireta num período de doze meses frenéticos. Um shampoo e produtos para cabelo foram introduzidos, chegando a Axe a concorrer de perto com a poderosa Gillette no seu mercado-base, graças a uma *joint venture* com um dos maiores fabricantes japoneses de produtos para barba. A Axe vislumbrou também uma lacuna no mercado de cabeleireiros: se um jovem queria determinado corte, tinha de escolher entre o barbeiro local fora de moda e um salão unissex. Barbearias Axe ofereceriam um paraíso para os rapazes, com videogames, revistas masculinas e garotas sensuais para cortar-lhes o cabelo. Duas lojas foram abertas, uma na rua Oxford, em Londres, e a outra em Kingston, Surrey. Dois anos e milhões de dólares depois, pouco resta dessa atividade: só uma extensão ficou e as barbearias transformaram-se em lanchonetes. O que deu errado?

Subindo...

Esse alongamento baseou-se numa definição de mercado que se expandira de modo impressionante do "desodorante para o corpo" até a "toalete masculina". Isso levou a uma nova idéia de marca-base: "Cuidados para o homem sedutor." O vínculo entre as diferentes plataformas de produto e a base – a "cola", se quiserem – foram a personalidade e os valores emocionais distintivos da marca, altamente motivadores. Ao contrário de concorrentes como a Gillette, a Axe não se levava a sério. Os astros da publicidade da Axe eram anti-heróis: riam-se de si mesmos e pareciam tudo, menos gente da moda. No entanto, foi essa abordagem irreverente, engraçada e pouco sofisticada que tornou a marca tão sedutora.

...e Descendo

A toalete masculina era um bom alvo, mas com uma definição de mercado excessivamente ampla: a promessa de "cuidados para o homem sedutor" não passava de uns poucos degraus na escada e, como num jogo de tabuleiro, a marca logo encontrou um obstáculo e começou a despencar. Entrara em mercados onde não tinha competência funcional para vencer (Figura 3.9), instalando ali, apenas, valores emocionais. E, como já vimos no caso da Virgin, muito caldo e pouca substância é recurso que raramente basta. Nem mesmo uma das melhores peças publicitárias da marca em todos os tempos conseguiu salvar a extensão para produtos de barbear. Ela não dispunha de credibilidade técnica para concorrer efetivamente com a Gillette, que gastava centenas de milhões de dólares em pesquisa e suporte de marketing. O mercado de produtos para cabelo é também muitíssimo competitivo e a Axe não apresentava as credenciais de cuidados e limpeza que induzissem os homens a preferir Head & Shoulders ou Pantene. A falência das barbearias revelou que a execução é a chave do comércio varejista, sendo o conceito nada mais que a ponta visível do *iceberg*.

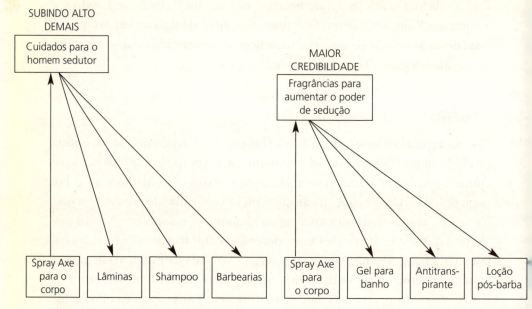

Figura 3.9: Altos e baixos da Axe.

Uma idéia mais realista foi "fragrâncias para aumentar o seu poder de sedução". Com ela, o alongamento da marca conseguiu ir além do *spray* para o corpo e lançar o gel para banho, que obteve sucesso em alguns mercados. Aqui, as credenciais da fragrância da marca constituem, de fato, um vínculo capaz de agregar-lhe valor. A personalidade da marca inspirou umas poucas variantes que enfatizam o estímulo emocional proporcionado pela Axe. A versão Re-load fornece energia extra para uma noitada, ao passo que a Sunrise ajuda a combater a ressaca no dia seguinte! Essa promessa ampliada pode também dar suporte ao desodorante antitranspirante e à loção pós-barba.

No entanto, a equipe foi esperta o suficiente para reconhecer a dura verdade de que a maior fonte de crescimento proveitoso era mesmo o produto-base: o *spray* para o corpo. Uma comunicação de marca ainda melhor, fragrâncias aperfeiçoadas, embalagem mais atraente e distribuição mais ampla estão agora no topo da

---

Resumo da Axe

1. Uma definição de mercado excessivamente ampla leva à egocentrização.
2. Uma personalidade forte não salva um produto medíocre.
3. Criar atrativos novos é difícil, sobretudo quando se passa de produtos a serviços ou vice-versa.

agenda. Semelhantes projetos podem ser menos excitantes que a invasão de mercados totalmente novos como o de produtos para barbear, mas, sem dúvida, propiciam um retorno bem maior de investimento.

Marcas Elásticas

Pesquisas de desempenho de marcas indicam que, a despeito dos riscos, algumas equipes de marketing pensam em alongar-se muito além da base. A extensão a partir da base, calcula-se, será responsável por apenas 46% da medida nos próximos três anos, contra 63% nos últimos três (Figura 3.10). Em lugar disso, planeja-se um uso maior de alongamentos diretos e indiretos. A verdade, porém, é que várias dessas marcas talvez não tenham flexibilidade bastante para ir tão longe, ao menos de modo a proporcionar um retorno decente do investimento.

Antes de resolver trabalhar num alongamento mais ambicioso para mercados próximos ou distantes, você se dará bem recorrendo às seguintes "tipologias de marca" (Tabela 3.2) para ajudá-lo a determinar quão elástica é sua marca. Todas pressupõem que a marca e o produto-base foram fortalecidos, conforme discutimos no capítulo anterior.

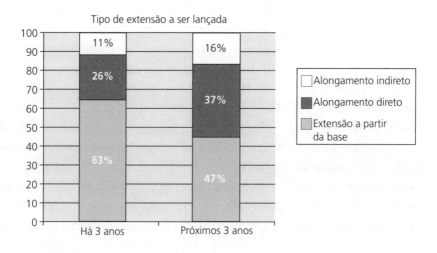

Figura 3.10: Uso crescente de alongamentos maiores.

Tabela 3.2: Exame de flexibilidade.

	Coca-Cola	Head & Shoulders	Pampers	Axe	Dove	Virgin	Gucci	Cosmo	SUA MARCA?
1 Nome aberto vs. nome fechado	★★★	★	★★★	★★★	★★★	★★★	★★★	★★★	
2 Grau de flexibilidade	0	0	★★	★★	★★	★★★	★★★	★★	
3 Benefício de flexibilidade	★	0	★★	★★	★★★	★★★	★★★	★★★	
4 Valores emblemáticos	★	0	0	★	0	0	★★★	★★	
TIPOLOGIA	Marca do produto		Marca especializada		Marca guarda-chuva		Marca de elite		?

A Marca de Produto: Enfoque na Extensão a Partir da Base

Essa é a marca que apresenta menor grau de flexibilidade e deve aferrar-se à extensão a partir da base ou a nenhuma outra. No nível mais básico, costuma ter nome *'fechado' e não 'aberto'*, o que dificulta o alongamento. Por exemplo, Shredded Wheat precisará lutar muito para lançar um produto que não seja em pó e à base de trigo; a British Gas vem tentando aos poucos invadir o mercado de eletricidade do Reino Unido, mas gastou muito tempo e dinheiro só para superar o primeiro obstáculo. Em contrapartida, um nome consagrado sem nenhum conteúdo implícito como Yahoo!, Virgin ou Egg permite maior flexibilidade à extensão da marca.

Uma questão mais fundamental diz respeito à *flexibilidade de atributo*. Essa flexibilidade é limitada por fortes associações com determinados atributos como cor, gosto ou forma.[2] O fato torna-se especialmente verdadeiro para marcas que definem um produto ou categoria particular, no sentido em que Pepsi e Coca são as "colas" por excelência. Isso dificulta até as extensões a partir da base que rompam os códigos das marcas sem confundir o consumidor, correndo por isso o risco de uma má avaliação. Por exemplo, a 7-Up fracassou quando tentou escapar à categoria de lima e limão, da qual era a marca definitiva. O fracasso da 7-Up Gold foi assim explicado por um executivo:

O item foi malcompreendido pelo consumidor. As pessoas tinham uma visão clara do que eram os produtos 7-Up – puros, frescos e saudáveis, sem cafeína. A 7-Up Gold é escura, contém cafeína e, portanto, não se enquadra na imagem da marca.[3]

Fugir a uma percepção de marca fica certamente mais difícil quando se ofereceu um produto único por anos, décadas ou mesmo séculos, como no caso da Coca-Cola. Tal qual sucede às pessoas, a falta de alongamentos atrofia os músculos da marca e tira-lhe a elasticidade. Em contraste, quanto mais uma marca se alonga, mais facilidade encontra em alongar-se de novo.

A Marca Especializada: Enfoque no Alongamento Direto

Ao contrário da marca de produto, a especializada não é sustida por sólidas associações com certos atributos como formato e cor. Entretanto, a força da marca especializada é proverbial em virtude da sua perícia e enfoque, de sorte que, quando se alonga, continua perto da base. Pode invadir categorias adjacentes à base em termos de percepção do consumidor. Por exemplo, a Colgate, depois da pasta de dentes, passou a oferecer uma série de produtos complementares que prometem cuidar da boca, inclusive outras pastas de dentes, gomas de mascar higienizantes e gargarejos (Figura 3.11).

Em alguns casos, as marcas aprendem à própria custa que são especializadas e andariam melhor se se apegassem a uma promessa mais estritamente definida e funcional. A Domestos voltou a concentrar-se no papel especializado de combater os germes dos banheiros, enriquecendo a sua herança como alvejante que "Mata 99% de todos os germes conhecidos". Isso se seguiu ao sucesso limitado da criação de um conceito guarda-chuva sobre "higiene doméstica", com extensões que escapavam do banheiro para produtos de limpeza de outras dependências da casa. A equipe decidira que o que realmente funciona na Domestos é o fato de ela ser uma solucionadora de problemas altamente eficaz, simples e objetiva. A marca obteve mais êxito com um alongamento direto para o ramo de desinfetantes de banheiro que prometem matar germes, remover sujeira e fazer brilhar (Figura 3.12). Em 2003, a marca relançou o seu leque-base sob a forma de um alvejante mais compacto e eficaz.

Figura 3.11: Complementação da base.
Reproduzido com a permissão da Colgate Palmolive.

A Marca Guarda-chuva: Enfoque no Alongamento Indireto

Essa marca é bem mais flexível porque faz uma promessa capaz de servir como conceito guarda-chuva para mercados mais distantes, sem vínculo direto com a base. A idéia de que "As pequenas coisas ajudam", do supermercado Tesco, no Reino Unido, foi além da área principal de alimentos, incluindo outros produtos e serviços que oferecem alta qualidade, preços acessíveis e conveniência. O freguês da Tesco pode comprar vídeos, roupas, gasolina e até serviços financeiros.

A primeira extensão de supermercado para a área bancária, em meados da década de 1990, foi considerada por muitos um equívoco, conforme comentou um especialista em marcas do Henley Centre: "Sainsbury está tentando dar um grande salto com um impulso só. Temo que seja um passo

Figura 3.12: Extensões da Domestos.
Imagens do produto reproduzidas com a permissão da Lever Fabergé.

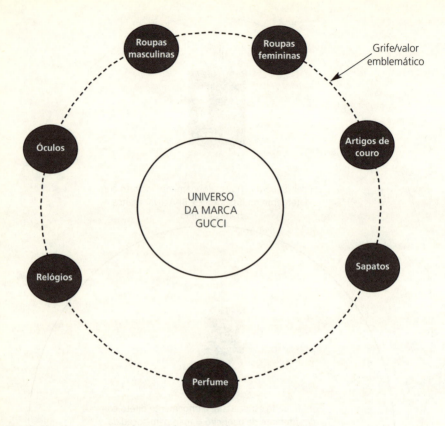

Figura 3.13: Alongamento de 360° de uma grife.

maior que a perna."[4] Essa extensão tem hoje 1,4 milhão de consumidores e, em 2002, o lucro operacional chegou a 22 milhões de libras, subindo desde então 66% a cada ano.[5] Em contraste, seria muito difícil para o banco Barclay começar a vender gêneros alimentícios em suas agências, porquanto é uma marca bastante especializada.

A Grife: Alongamento de 360°

Se você é dono de uma das raras marcas com "valor emblemático", esteja certo de que ela está no número das mais flexíveis. Esses valores aspiracionais e emocionais fornecem a "cola" para unir o leque disperso de produtos. Na verdade, as pessoas estão pagando para fazer parte do "clube" Gucci, quer comprem uma camiseta, uma bolsa ou um capacete de motociclista (Figura 3.13). As marcas com valores semelhantes costumam ser encontradas mais freqüentemente na área de moda ou itens de luxo que na de molhos ou batatas fritas.

Conclusões Principais

1. Ter uma visão clara e ousada da marca principal estimula a criação de idéias mais ambiciosas para o alongamento de marca.
2. Uma definição de mercado mais ampla é a base dessa visão.
3. É preciso tomar cuidado quando se sobe em direção a uma grande idéia e certificar-se de que ela tem credibilidade, não sendo apenas uma egocentrização de marca.

Questionário 3: Visão

	Sim	Não
• Você está indo de cima para baixo com a visão da marca principal ou de baixo para cima?	☐	☐
• Você definiu seu mercado em termos amplos, lucrativos, e não como o de um modesto fabricante?	☐	☐
• Você deu vida a um quadro nítido e pormenorizado do seu alvo de posicionamento *principal*?	☐	☐
• Sabe ao certo o que tornou sua marca famosa de início?	☐	☐
• Quando perseguiu uma promessa maior da marca você evitou a egocentrização mostrando-se confiável e motivado?	☐	☐
• O posicionamento é claro e objetivo, não confuso e vago?	☐	☐
• Você encarou com realismo a flexibilidade de sua marca para se orientar no esforço de extensão?	☐	☐

 Passando Conhecimento

Vimos como uma visão clara e ambiciosa de marca pode servir de estímulo para o alongamento. Examinamos também a necessidade de ser realistas com respeito à flexibilidade da marca e à forma mais apropriada de alongamento a privilegiar. Com isso em mente, agora estudaremos de que modo idéias específicas sobre pessoas, marcas e mercados podem ser adotadas à guisa de catalisadores a fim de gerar alternativas de alongamento.

Terceiro Passo: Idéias

CAPÍTULO 4

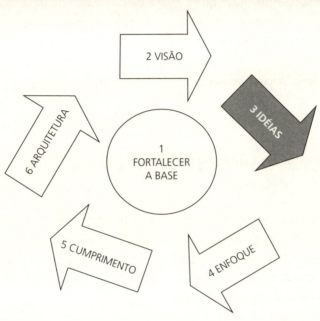

 **Resumo**

Com uma visão clara e inspiradora à mão, o próximo passo é usá-la para gerar idéias de extensão. Isso deve começar pela busca de oportunidades que ampliem o leque-base, com a ajuda de diferentes concepções. Detalhe importante, os consumidores são apenas uma das fontes de idéias. Inúmeras extensões bem-sucedidas basearam-se em idéias tomadas de empréstimo a concorrentes ou empresas de outras categorias, quando não descobertas na própria companhia. Qualquer que seja a origem da concepção, tome cuidado para não se arriscar no mundo fantasioso das inovações, mas apenas no mundo real. Aqui, o "mata-inovações" será um sério obstáculo a ultrapassar ou derrubar no esforço de promover uma nova extensão.

Comece Perto de Casa

Estender o leque-base pode ser menos atraente do que alongar para mercados novos. No entanto, isso consolida os alicerces sobre os quais a marca foi edificada e pode ser, ainda, uma boa fonte de crescimento.

Antes de Estender

É importante compreender que a extensão não passa de uma das formas de ampliar o negócio principal e só deve ser tentada quando outros caminhos já foram desbravados, como:

- Produto-base/pacote ou serviço.
- Distribuição.
- Preços.
- Comunicação.
- Dimensionamento e dimensão por canal.
- Promoção.

Os cereais da Kellogg's são um exemplo de marca que parece ter reconhecido, enfim, a importância de fomentar o produto principal. Depois de anos concentrada nas extensões, em 2003 a marca deu um grande passo à frente para fortalecer a base, embalando o cereal com papel aluminizado para assegurar-lhe melhor conservação.

Extensão a Partir da Base

Se o conjunto de produtos-base foi otimizado, a atenção deve se voltar para a extensão a partir dele. Isso poderá envolver versões que introduzam um novo *sabor* ou *benefício* funcional. Por exemplo, a marca Sida, de produtos para o cabelo, lançou no Brasil um *shampoo* hidratante especial para mulatas ou negras. A medida era parte crucial do reposicionamento da marca como aquela que realmente entendia as mulheres brasileiras – e as vendas triplicaram de 1997 a 1999.

O outro tipo importante de extensão a partir da base é a mudança de formato, que pode ocorrer por meio da *modificação do formato do produto* para melhor atender às necessidades dos consumidores. Por exemplo, mais de cinqüenta milhões de barras do Kit Kat Chunky foram comercializadas depois de algumas semanas do lançamento. Após seis meses, cerca de 20% da população do Reino Unido havia experimentado a novidade e a taxa de reaquisição era alta.[1] Essa extensão ajudou a deter o declínio do consumo entre jovens de 12 a 20 anos, que gostavam da textura crocante do Kit Kat original, mas queriam algo mais substancioso para comer.

A mudança de formato pode fazer-se também por meio de *novos formatos de embalagem*, muitíssimo eficientes quando atendem à necessidades reais. "Pense grande" induziu a Coca-Cola a desenvolver as garrafas 1,5ℓ PET, que incrementaram o consumo das famílias. "Pense pequeno" inspirou a Pringles a lançar minilatas que possibilitaram uma nova ocasião de comer para pessoas apressadas, elevando o preço unitário.

Mapeamento do Mercado

Analisar o desempenho da marca em confronto com seis dimensões que determinam a escolha do consumidor pode ajudar a identificar oportunidades de extensões derivadas da base: pessoas, períodos, posição, propósito, preço e produto. O desempenho da marca é confrontado com cada um desses "pp" para localizar áreas "subexpostas" onde ela não está se saindo bem. A extensão é uma das maneiras de preencher tais lacunas (Figura 4.1). As seis dimensões estão, sem dúvida, inter-relacionadas, mas examinar uma por uma às vezes ajuda a desistir de certas idéias.

Pessoas: novos usuários

A Levi's Engineered Jeans (LEJ) desempenhou um papel importante no esforço bem-sucedido da marca para reconquistar os jovens. O público-alvo preferencial havia abandonado a marca nos anos 1990, provocando, assim, uma queda nas vendas de 30 para 14%. O leque de produtos era o ponto fraco, como descreveu o diretor de marketing para o norte da Europa:

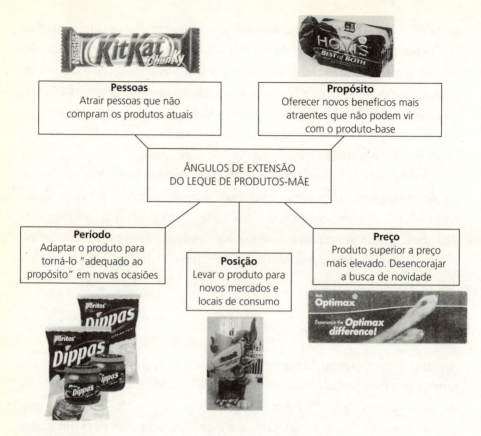

Figura 4.1: Ângulos de extensão do leque de produtos-mãe.
Embalagens do Kit Kat e do Nesquik reproduzidas com a permissão da Nestlé UK Ltd; da Hovis, com a permissão da British Bakeries; do Doritos, com a permissão de Walkers Snacks; logotipo Optimax reproduzido com a permissão da Shell.

> A tradicional 501 ainda vendia bem, mas viajamos demais nessa glória. De repente, começamos a perder consumidores, sobretudo jovens de 15-19 anos que agora prefeririam calças de "caminhoneiro" e "combate". A Levi's deixara de ser "quente" e sexy.[2]

Alguns observadores chegaram a decretar que "o denim estava morto". No entanto, com a LEJ, a Levi's conseguiu reinventar seu produto principal para toda uma nova geração. Ele tinha uma costura entrelaçada que tornava os jeans mais confortáveis, mas também os fazia parecer novos e diferentes. A participação da faixa etária de 11-24 anos cresceu 9% no primeiro ano do lançamento e a LEJ passou a representar 11-12% do faturamento da marca.

Rejuvenescer a base de usuários não é vital apenas para marcas de moda. A Polaroid corria o risco de perder importância aos olhos dos jovens, que já não achavam tão excitante assim tirar fotos instantâneas. A nova câmera I-Zone ajudou a atrair esses consumidores para a marca. O design colorido do produto e o formato mais portátil atendiam às suas necessidades (Figura 4.2). Fotos menores são ideais para colar em portas de armários ou em cadernos e livros. A distribuição por novos canais como supermercados e lojas de brinquedos incrementou o lançamento da extensão.

Propósito: novos benefícios

Outro ângulo de extensão é a oferta de um novo benefício, como fez a Hovis no Reino Unido com a sua extensão da base "Best of Both". Ela foi de encontro às necessidades das mães de "disfarçar" o valor nutricional do pão integral, que tornara a Hovis famosa, num pão branco mais palatável para as crianças. O novo produto contribuiu em muito para o crescimento de 30% da marca entre 1999 e 2001. E também ajudou a Hovis a ganhar uma posição mais forte no segmento-chave dos pães brancos, onde até então fora um jogador secundário.

Períodos: novas ocasiões

Examinar o uso ocasional da marca pode delinear oportunidades de extensão, especialmente quando a escolha do produto é muito influenciada pelo

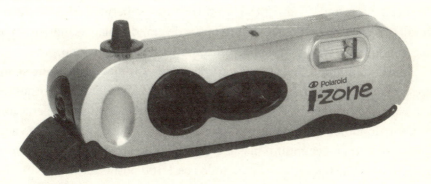

Figura 4.2: A Polaroid I-Zone.
Reproduzido com a permissão da Polaroid Corp.

momento do consumo, como no caso dos alimentos. A equipe do Reino Unido, que trabalhava com os salgadinhos Doritos, descobriu que a companhia estava sub-representada no importante horário noturno, quando a família ou um grupo de amigos se reúne para petiscar diante da televisão. A extensão Doritos Dippas, de salgadinhos de tamanho gigante com molho, foi posicionada para incentivar o consumo à noite. A propaganda, baseada no *slogan* inspirado "Friendchips" [por "Friendships", Amizades], reforçou a idéia de convívio descontraído com os amigos. As vendas subiram 76% em relação ao ano anterior, com o volume total da marca Doritos crescendo 13%. A bem-sucedida estratégia foi expandida para outros mercados, inclusive Bélgica, Holanda e Espanha.[3]

Posição: Novos canais

A extensão pode exigir também disseminar a marca por novos canais para, assim, multiplicar o número de oportunidades de uso. A marca de bebidas infantis Nesquik começou com um pó a ser misturado ao leite. Depois, passou a oferecer uma versão pronta em mil máquinas automáticas instaladas em espaços públicos do Reino Unido. No ano do lançamento, houve um aumento de 7,5 milhões de dólares nas vendas.[4]

Preço: maior

Uma oferta mais cara pode ser uma boa maneira de incrementar lucros *se* os benefícios reais ao consumidor justificarem o preço, como no caso de Shell Optimax. A acirrada competição de preços nos supermercados do Reino Unido e o reduzido apoio dos proprietários de grandes marcas induziram os consumidores a verem na gasolina um simples bem de consumo. No entanto, a Shell identificou um segmento de "verdadeiros motoristas" que se interessavam sinceramente por otimizar o desempenho do carro e estavam dispostos a pagar mais por isso. Shell Optimax oferecia melhor aceleração e proteção do motor a um preço 5% superior ao do produto padrão, sem aditivos. Isso não parece muito, mas faz grande diferença quando as margens são estreitas. A extensão se fez para todos os 1.100 postos da Shell e foi sustentada por uma campanha de marketing no valor de 8 milhões de dólares, que encorajava os motoristas a mudar para Shell Optimax. O lançamento conseguiu dilatar as margens e atraiu novos usuários, tendo o investimento sido ressarcido em apenas oito meses numa projeção de quinze.[5]

Depois de trabalhar em extensões a partir da base, a criatividade pode examinar possibilidades de alongar além desse ponto.

Vá Além

Existem várias maneiras diferentes, no âmbito do desenvolvimento de idéias, de alongar além da base. Estas incluem o vislumbre de oportunidades orientadas para consumidores, mercados e inovações. Como no caso de geração de idéias a partir da base, essas três áreas se sobrepõem – mas estudá-las uma de cada vez pode suscitar pensamentos diferentes.

Para Consumidores

Concentrar-se nas necessidades mais amplas do seu consumidor, para além do produto ou serviço principal, costuma estimular idéias de alongamento:

- *Experiência abrangente do consumidor*: A Blockbuster desenvolveu idéias para complementar a oferta central de filmes, como petiscos, bebidas e revista especializada em cinema.
- *Faixa etária do consumidor*: A Pampers estudou como as crianças se desenvolvem a cada etapa da vida e chegou ao lançamento do Kandoo, papel higiênico para as mais crescidas.
- *Estilo de vida do consumidor*: A Apple realmente sabe que os computadores pessoais se tornaram "tudo" para uma série de atividades como música e fotografia digital. Isso conduziu ao desenvolvimento dos *softwares* iPhoto e iMovies, além da criação do *music player* iPod.

Para o Mercado

Outra técnica de geração de idéias consiste em estudar os mercados adjacentes àquele que é servido pelo produto principal. Os consumidores podem ajudar na identificação de oportunidades desse tipo, sugerindo produtos que pareçam membros muito próximos da família (ou seja, mercados adjacentes) e outros que lembrem apenas primos distantes. A equipe, em seguida, poderá considerar diferentes maneiras de oferecer o benefício da marca nesses novos mercados (Figura 4.3).

92 ALONGANDO A MARCA

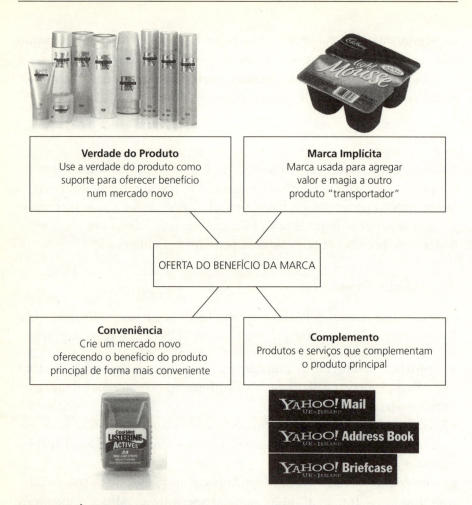

Figura 4.3: Ângulos para alongar além da base.
Embalagens Pantene reproduzidas com a permissão da Procter & Gamble; bandeja de mousse Cadbury reproduzida com a permissão de Cadbury Ltd; embalagem de Listerine reproduzida com a permissão de Pfizer Consumer Healthcare; logotipos da Yahoo! reproduzidos com a permissão da Yahoo Inc.

Verdade do produto

O vínculo mais óbvio entre a base e os novos mercados é a capacidade da marca de transportar a verdade do produto central. A Pantene estendeu-se do *shampoo* para itens de penteado que também tornam o cabelo "tão saudável que chega a brilhar" graças ao ingrediente Provitamin da marca. Vimos antes que a Dove, ao alongar-se para novos mercados, percorreu o mesmo caminho apelando para a verdade de seu 1/4 de creme hidratante como vínculo.

No *branding* de serviços, a história da Virgin mostrou que a promessa de ser uma conquistadora irreverente de valores foi usada para invadir mercados distantes como o de serviços financeiros. Aqui, a verdade da marca não é um ingrediente, mas, antes, a cultura e o pessoal da Virgin, liderado por Richard Branson.

Marca implícita

Uma das maneiras de propiciar o benefício da marca em novos mercados é usar a marca toda, e não apenas a verdade do produto, como ingrediente para agregar valor. Essa é uma estratégia comum na área de alimentos e bebidas, na qual as marcas possam proporcionar um sabor facilmente reconhecível e apreciado. A Cadbury alongou-se de barras de chocolate para sobremesas cremosas e sorvetes. Fato importante, a imagem forte do produto-base, o chocolate Dairy Milk, significa que a percepção de gosto das extensões foi mais apurada do que se houvesse sido usado um chocolate antigo. Outros exemplos dessa tendência são as bebidas Mars, a Smirnoff Ice e as sobremesas Smarties.

Uso complementar

Outra forma de descobrir oportunidades de extensão é considerar produtos e serviços que complementem a oferta principal. A Yahoo!, por exemplo, incentiva seus subscritores de correio eletrônico a utilizar-se também de serviços vinculados como agenda e pastas *online*, a fim de aprofundar a relação entre marca e consumidor. Marcas de serviços como Yahoo! gozam do grande benefício que é o intercâmbio amplo e regular com os consumidores, o qual pode ser exposto de maneira fácil e barata em novas idéias de extensão. Na esfera do produto, o creme de barbear Gillette e as escovas de dentes Colgate são exemplos dessa tendência.

Estilo de vida e valores emblemáticos

Para esse grupo de marcas de elite, os limites do alongamento são muito maiores e a geração de idéias, bem mais flexível. A lista dos mercados que a marca pode alongar é praticamente infinita. Aqui, o desafio principal consiste em assegurar que o nível certo de qualidade seja mantido a fim de preservar a integridade da marca. A marca Gucci quase desapareceu nos anos 1980, quando se pulverizou em cerca de 22 mil produtos diferentes, não poucos de baixo preço e baixa qualidade. A chegada de Tom Ford como diretor de criação mudou tudo. Ele assumiu a responsabilidade direta pela aprovação de quaisquer extensões da Gucci, de bolsas a perfumes, e cortou drasticamente o número de itens à venda.

Para Inovações

O alongamento *nem sempre* pressupõe a entrada num mercado existente. Pode ser usado também para criar um mercado novo, oferecer um benefício antigo de forma mais adequada. Os "Pocket Paks" ('Actives' no Reino Unido) da Listerine geraram um negócio inteiramente novo, no valor de mais de 100 milhões de dólares só nos Estados Unidos.[6] As películas finíssimas, do tamanho de um selo postal, liberam a ação germicida do desodorante bucal Listerine num formato portátil e discreto, que se dissolve na língua. Outro exemplo de criação de categoria nova é o lançamento de lenços de limpeza doméstica descartáveis por marcas como Cif. São de uso fácil e rápido, evitando a necessidade de manter pela casa panos de limpeza malcheirosos e engordurados.

Os ângulos de extensão que vimos examinando propiciam um bom quadro do consumidor e dos mercados, tornando mais fácil identificar oportunidades de extensão. Na realidade, porém, talvez apenas metade, se tan-

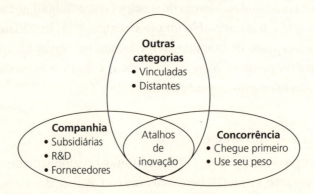

Figura 4.4: Atalhos de inovação.

to, das inovações bem-sucedidas originam-se dessa maneira. Muitas vezes, idéias de extensão surgem quando se empregam "atalhos de inovação" que economizam tempo e dinheiro (Figura 4.4).

Atalhos de Inovação

Outras Categorias

Copiar os códigos de outras categorias mais ambiciosas pode ser uma rica fonte de idéias. A Solero tomou de empréstimo os códigos dos refrigerantes carbonatados para desenvolver suas novas extensões (Figura 4.5): Shots (balinhas de gelo) e Smoover (punhados de gelo triturado, com sabor). Essas extensões se avolumaram por roubar vendas, não dos picolés, mas dos refrigerantes. Permitiram ainda, à marca, atrair usuários mais jovens. Foram extensões inspiradas num programa de pesquisas "furtivas" em que jovens foram observados no ato de consumir refrigerantes. Esse estudo apontou diversos pontos fracos que as extensões teriam de encarar:

Figura 4.5: Copiar códigos de outras categorias.
Reproduzido com a permissão da Unilever plc.

- *Praticidade*: uma garrafa de refrigerante pode ser colocada no chão ou numa superfície próxima enquanto se conversa com os amigos. Já um picolé tem de ser consumido até o fim.
- *Bebido, não chupado*: o movimento de beber um refrigerante imita os códigos de ingestão de bebidas por adultos. Os picolés, ao contrário, são chupados, gesto regressivo que evoca a infância.
- *Limpeza é "quente"*: os refrigerantes são limpos, ao passo que os picolés são "pegajosos", outra associação indesejável com bebês.

Esses problemas foram contornados graças à introdução de novas embalagens e texturas de produto que proporcionam experiências incomuns e excitantes de degustação. No caso de Shots, uma embalagem cônica com base achatada e tampa, significava que o produto podia ser pousado numa superfície como uma lata ou garrafa. O produto era ingerido, não chupado, tal qual um refrigerante. No caso de Smoover, a embalagem imitava os códigos das bebidas esportivas de bolso.

A Sua Própria Companhia

Caça técnica ao tesouro

Em muitas empresas, a síndrome da torre de marfim é sinal de que as equipes de marketing não estão conseguindo aproveitar o talento e as idéias de outros setores. Ora, pedir ao pessoal de pesquisa e desenvolvimento que lhe mostre seus projetos favoritos pode ser muitíssimo proveitoso para você. No projeto Solero Shots que já vimos, ocorreu uma virada crítica quando o presidente da espanhola R&D apareceu como convidado surpresa numa sessão de *brainstorming*. Ele trouxe um saquinho de estranhas bolinhas de gelo das quais um punhado podia ser levado rapidamente à boca, criando ali uma sensação efervescente como a de um refrigerante. As bolinhas se tornaram o produto a ser lançado. Detalhe de peso, a idéia não foi criada como parte formal do projeto de alongamento baseado num roteiro. Foi desenvolvida graças à experiência de mergulhar gelo em nitrogênio líquido, por pura diversão!

Idéias importadas

Acompanhar o que as equipes de sua empresa em outros mercados estão fazendo é outra fonte simples, mas muito descurada, de idéias. Algumas das idéias mais criativas de novos produtos vêem de mercados individuais, que fazem experiências localmente, não de projetos de inovação gigantescos, de âmbito internacional. Uma das extensões mais bem-sucedidas do McDonald's, as Deluxe Potatoes, foi inicialmente desenvolvida e lançada pela equipe da Holanda. O produto se impôs e acabou sendo apresentado numa reunião corriqueira de troca de idéias entre diretores de marketing europeus, em que foi aceito e exportado para outros mercados. Outros grandes sucessos de extensão do McDonald's, como Torta de Maçã Quente e Filé de Peixe, também se originaram de mercados locais e não do escritório central, aliás, berço de itens como o hambúrguer McLean e o McPizza.[7]

Fornecedores

Os fornecedores podem constituir uma boa fonte de idéias para extensões da marca. O CEO da Procter & Gamble, Alan Lafley, chegou a dizer: "Gostaria muito que de um terço a metade das 'descobertas' viesse de fora. Quero mesmo que as portas permaneçam abertas."[8] Um dos exemplos em que essa abordagem logrou êxito é o lançamento da Crest SpinBrush (Figura 4.6). Essa escova de dentes com bateria, vendida no varejo a menos de 10 dólares, era fabricada originalmente por uma pequena empresa de Cleveland, Ohio, chamada Dr. Johns. A empresa tinha um ótimo produto, mas nenhuma energia de marketing para apoiá-lo. A P&G adquiriu o negócio e conseguiu usar a força do nome Crest para dar credibilidade à marca. Isso formou um negócio inteiramente novo, que vale 200 milhões de dólares só nos Estados Unidos.

A Concorrência

Chegue lá primeiro

Há, decerto, enorme vantagem em chegar primeiro ao mercado com um produto ou serviço novo, especialmente quando duas marcas consagradas estão procurando estender-se. Se você atuar bem, terá boa chance de conquis-

Figura 4.6: A Crest SpinBrush.
Reproduzido com a permissão da Procter & Gamble.

tar a liderança no novo setor. A velocidade nos lançamentos internacionais está se tornando cada vez mais importante, acarretando o desafio de se chegar primeiro ao maior número de mercados possível. A Wrigley's observou com interesse o sucesso obtido pela Listerine nos Estados Unidos com o desodorante bucal em fitas Pocket Pak, descrito anteriormente. Ela criou um produto similar chamado Thin Ice e foi a primeira a lançá-lo no Reino Unido, como extensão da marca Extra de gomas de mascar.

Use o seu peso

Ser o primeiro, contudo, nem sempre é essencial para o sucesso. Sergio Zyman, ex-diretor de marketing da Coke, chama as marcas que chegam tarde ao mercado de "rebeldes beneficiados". Elas costumam deixar que marcas novas criem uma compreensão funcional da nova categoria e depois seguem-nas com produtos similares ou melhores, apoiados numa imagem e nome de marca consagrados. Distribuição mais ampla e bem-feita, bons preços e suporte de marketing são outros tantos pontos de vantagem.

Por exemplo, a Kettle Chips criou e montou ao longo dos anos um segmento mais caro do ramo de batatas fritas. A marca oferecia sabores para *gourmets* com uma textura mais densa, crocante e "caseira". A marca líder do setor no Reino Unido, Frito-Lay's Walkers, lançou finalmente um pacote para competir com a Kettle Chips, em 2001. Os Walkers' Sensations vinham em embalagens de alta qualidade, com fotografias em preto e branco (Figura 4.7), sendo posicionados como "Batatas fritas finas da Walkers". As receitas eram mais exóticas que as dos salgadinhos de sempre. Em lugar de queijo, cebola ou sal comum, a oferta incluía um sabor Sea Salt and Cracked Black Pepper, além de Thai Sweet Chilli. Preços um pouco maiores e

Figura 4.7: Rebelde beneficiado.
Reproduzido com a permissão da Walkers Snacks.

embalagens um pouco menores significam que eram vendidos com preço 10% superior, por grama, ao do leque da concorrente da Walkers. A distribuição de Frito-Lay e sua presença nos pontos de venda foram armas poderosas contra a bem menor Kettle Chips. A extensão da marca atingiu seu volume de vendas anual em apenas três meses, tendo a propaganda na televisão sido suspensa após uma semana, para controlar a demanda. Walkers Sensations vendiam o dobro da Kettle Chips, alcançando os 90 milhões de dólares, dos quais 79% eram de incremento.[9]

O Mundo de Contos de Fadas da Inovação

Ter boas idéias é uma coisa. Levá-las ao mercado é, muitas vezes, um desafio bem maior. Alguns modelos de inovação baseiam-se num mundo de contos de fadas que vê um processo claro e linear partindo das necessidades do consumidor, passando com desenvoltura para o teste de conceito para chegar, finalmente, ao desenvolvimento do produto. Na realidade, o processo é mais complicado e iterativo (Figura 4.8). Vários ciclos de geração de idéias e muita persistência são necessários, como se vê na história do Starbucks' Frappucino.

Starbucks' Frappuccino: Inovação no Mundo da Realidade

A extensão Frappuccino foi uma grande cartada para a Starbucks (Figura 4.9). O negócio vale hoje 52 milhões de dólares por direito próprio, cerca de 7% da renda anual total.[10] Muitas lições sobre inovação no mundo da realidade podem ser aprendidas graças a essa extensão bem-sucedida.

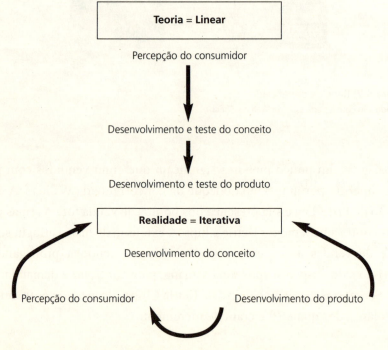

Figura 4.8: Teoria e realidade da inovação na extensão da marca.

Confie nos seus Instintos

A primeira lição é a importância de acreditar nos próprios instintos e na própria intuição. A idéia do Frappuccino nasceu em 1993, não de uma pesquisa de consumidor, mas do cérebro de uma gerente regional da Califórnia para quem um café gelado poderia ser um sucesso. Ela se inspirou num concorrente que já vendia esse tipo de produto. E acreditou suficientemente na idéia para promover uma inovação e dar-lhe vida.

Dê Vida às suas Idéias

Em vez de fazer uma apresentação ruidosa da idéia de extensão, a gerente da Starbucks experimentou com um pessoal misto da própria empresa. Es-

Figura 4.9: Bebida gelada mista Starbucks' Frappuccino® — inovação no mundo da realidade.
Reproduzido com a permissão da Starbucks Corporation.

sa foi uma excelente maneira de explorar a concepção junto aos consumidores e obter as informações iniciais. Também ajudou a dar vida à idéia junto aos quadros da empresa. Munida dos primeiros resultados, ela obteve o apoio da equipe de alimentos e bebidas para desenvolver o protótipo. No início de 1994, o produto foi degustado pelo então CEO, Howard Schultz. A essa altura, a equipe descobriu quão importante seria ter à mão a próxima ferramenta: um bom capacete antichoque.

Compre um Capacete Melhor

Esse foi o conselho de um diretor-geral da P&G quando me queixei a respeito de "dar com a cabeça na parede" ao tentar obter aprovação para uma idéia de extensão da marca. Segundo ele, a perseverança, a autoconfiança e a determinação eram tão importantes quanto a criatividade e o pensamento estratégico para levar uma extensão ao mercado. A equipe do Frappuccino teve de lutar muito para convencer Schultz a adotar a idéia, pois ele detestara o primeiro produto que experimentou: e gostaria de atirá-lo, bem como ao projeto inteiro, no esgoto. Entretanto, a dedicação da equipe impressionou-o suficientemente e ele resolveu empreender a próxima viagem.

Pense Grande, Comece Pequeno

A Starbucks tinha a vantagem de poder experimentar com facilidade uma extensão, lançando-a em pequena escala como fizera com o Frappuccino em doze lojas do sul da Califórnia, ao final de 1994. Informações diretas do consumidor, oriundas dessa experiência real de uso, ajudaram a aperfeiçoar o produto e geraram confiança bastante para um lançamento nacional em abril do ano seguinte.

As empresas que fabricam bens de consumo não se dão o luxo de possuir lojas próprias para testar suas extensões, mas podem valer-se de testes regionais para minimizar o aspecto negativo. Isso exige um tempo valioso e dá à concorrência a oportunidade de descobrir o que você

Resumo da Starbucks

1. Esteja pronto para percorrer várias vezes a espiral da inovação.
2. Pense grande, mas comece pequeno.
3. Nem todos partilharão do seu entusiasmo: venda a sua idéia.
4. A experimentação é a melhor forma de pesquisa.

está fazendo; mas, pelo menos, o aprendizado baseia-se em condições de mercado, próximas à vida real. Outrora, esses testes eram feitos em algumas regiões do Reino Unido, no caso de, por exemplo, grandes jogadas como Bacardi Breezer. Hoje, numa era mais internacional, a região pode muito bem ser o país inteiro.

Kit de Sobrevivência "Mata-Inovações"

Muita gente deve sonhar em trabalhar num local como a Starbucks, onde extensões como Frappuccino são rapidamente lançadas com um mínimo de testes. No entanto, em muitas empresas de grande porte, os primeiros dias de vida de uma extensão são muito mais perigosos. Idéias novas e radicais correm o risco de sucumbir ao "Mata-Inovações": de ser conduzidas à morte pelos resultados de uma pesquisa prematura e quantitativamente baseada. Vários truques podem ser usados para maximizar as chances de evitar semelhante destino.

Evite a Triagem Prematura

Trabalhe sua idéia de extensão e explore-a com colegas, amigos e usuários antes de permitir que os pesquisadores quantitativos a experimentem e façam a "triagem". Também não se fie no esboço primitivo ou mesmo num conceito escrito, sem nenhum elemento visual. Isso pode fazer com que os consumidores não compreendam a idéia, daí resultando uma baixa pontuação, a percentagem de pessoas que se declaram dispostas, *em definitivo*, a comprar o produto. Investir num belo visual e, idealmente, num protótipo em três dimensões dará melhores resultados e maior chance de sobrevivência. Afinal, imagine pesquisar freios ABS com a frase "freios que prendem e soltam" ou as notas *Post-it* descrevendo-as como "pedacinhos retangulares de papel amarelo que você pode colar e recolar"!

O Bêbado e o Poste

Evite usar a pesquisa como o bêbado usa o poste: como apoio, não como iluminação. Do mesmo modo que os jurados de *shows* de música têm um "faro" para sucessos potenciais, as equipes da marca precisam desenvolver sua própria intuição e seu próprio tirocínio. Antes de fazer uma pesquisa de conceito quantitativa, você deveria chegar a um ponto de vista claro com respeito ao resultado que espera. Essa é uma hipótese de trabalho que pode evoluir em presença dos resultados, os quais, entretanto, lhe dirão "até onde você pode chegar", não se a idéia é boa ou má.

Às vezes você terá de mostrar-se suficientemente seguro de suas crenças a despeito dos resultados negativos do teste, sobretudo quando estiver trabalhando com idéias radicais. Isso aconteceu por ocasião do lançamento bem-sucedido de Flower by Kenzo, que incrementou as vendas da marca em 75% nos primeiros seis meses de 2001. O *chairman* da matriz, LVMH, Bernard Arnault, assim o explica:

> Quando uma equipe criativa acredita num produto, é bom que você confie nos instintos dela. Esse foi o caso do perfume novo que lançamos este ano: Flower by Kenzo. Nós o lançamos, não por causa dos testes, mas porque a equipe acreditava nele. Segundo os testes, as pessoas não sabiam o que fazer do produto – a forma do frasco é diferente e a flor da assinatura é uma papoula, que não tem perfume.[11]

 Conclusões Principais

1. Compreender os consumidores é um ótimo catalisador de novas idéias, começando com extensão do leque-base e procurando depois alongar a medida.
2. Atalhos de inovação como concorrentes, fornecedores e outras empresas podem também ser usados para gerar idéias.
3. O processo de geração de idéias é confuso e iterativo, nunca simples e linear, exigindo da pessoa muita paixão e tenacidade.

Questionário 4: Idéias

	Sim	Não
• Você tem uma idéia clara do mapa dos mercados e das áreas onde sua marca não prospera?	☐	☐
• Você começou pela extensão a partir da base antes de se alongar um pouco mais?	☐	☐
• Você foi totalmente além do consumidor e usou sua empresa, a concorrência e outras companhias como atalhos de inovação?	☐	☐
• Seu plano de geração de idéias foi elaborado a tempo de conter diversas iterações e maneiras de evitar o "mata-inovações"?	☐	☐

 Passando Conhecimento

Vimos que conhecer bem os consumidores, os concorrentes e a companhia em si pode servir para catalisar idéias de alongamento. Estudaremos agora como avaliar essas idéias e selecionar aquelas que apresentem maior potencial para consolidar o negócio ou a marca. Procurar fazer menos coisas, porém melhores, é crucial para evitar os riscos da fragmentação.

Quarto Passo: Enfoque

CAPÍTULO 5

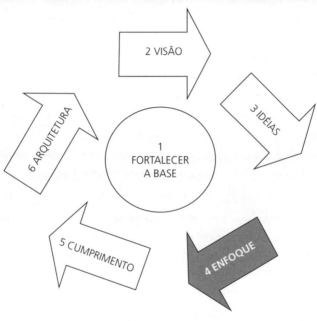

 Resumo

Depois de gerar idéias de extensão, as equipes precisam recorrer a algum processo a fim de enfocar as que apresentem maior potencial para construir o negócio e a visão da marca desejada. A lucidez dos quadros da companhia também é necessária para garantir que a promessa do produto seja plenamente cumprida. Sem essa abordagem disciplinada, as empresas correm o risco de lançar pequenas extensões em grande número, que acrescentam valor limitado para os consumidores e engendram assim negócios paralelos de porte insignificante. Essas extensões fragmentam igualmente os recursos humanos e financeiros do negócio, levando à destruição e não à criação de valor.

Conheça os Sete Anões

Os profissionais de marketing adoram extensões. Criam oportunidades para usar as melhores peças da caixa de brinquedos do *branding*, como conceito de desenvolvimento, design da embalagem e propaganda. Em muitos casos, no entanto, os esforços de extensão são desperdiçados em idéias pequenas, que não acrescentam valor algum nem para o consumidor nem para a companhia. O resultado é, muitas vezes, o caso clássico do princípio de Pareto: 80% das vendas dependem de 20% das extensões. Colocado de outra forma, para cada idéia boa e grande existem sete anões. Os recursos humanos e financeiros são fragmentados com produtos ou serviços em excesso, promovendo fraco retorno do investimento da marca.

Lançar extensões pequenas em grande número explica parcialmente o péssimo estado da Loteria Nacional do Reino Unido, renomeada desde 2002 como Lotto e apoiada por uma campanha de marketing da ordem de 100 milhões de dólares. Esse investimento e os enormes fundos de prêmios foram fragmentados graças a um leque de extensões cada vez mais complexo como Lotto Extra, Thunderball e Instants. Apesar do forte apoio de marketing, o negócio, na verdade, encolheu em mais de 5%. Comentou um usuário:

> O problema da Loteria Nacional é que existem extensões da marca demais. Tudo fica muito complicado. A meu ver, os usuários acham que isso pulveriza tanto a sua atenção quanto os prêmios. As pessoas querem um atrativo único e um prêmio gordo. O resto só atrapalha e as induz a não jogar.[1]

Como sempre no marketing, a chave para o sucesso consiste em fazer poucas coisas – e melhor. Portanto, torna-se necessário um processo rigoroso e disciplinado de revisão de idéias de extensões novas e acesso ao seu potencial. O primeiro e mais importante critério é a capacidade de construir o negócio. Mas, além disso, deve ser considerado o potencial da extensão para ajudar na construção da visão da marca.

Heróis ou Zeróis?

Combinar essas duas dimensões do negócio com a construção da visão da marca fornece um panorama completo de cada extensão (afinal de contas, nenhum manual empresarial seria completo sem pelo menos uma matriz de

2 × 2). Para a construção do negócio, a escala deve ser em termos de valor de vendas, mas o lucro também deve ser considerado. O ponto médio pode ser escolhido a fim de representar o tamanho mínimo do projeto que valha a pena desenvolver e lançar. No caso da dimensão da marca, buscamos não apenas a adequação à imagem atual, mas ainda a contribuição ativa para construir a visão. Quatro tipos principais de extensão se destacam dessa análise: o herói, o fabricante de dinheiro, o produto nicho e o dreno (Figura 5.1).

Herói

Essas extensões devem merecer o máximo da atenção e do orçamento de marketing para novos lançamentos. Elas geram significativo crescimento empresarial e robustecem a visão da marca de um modo relevante e atraente. O investimento na promoção desse tipo de extensões ajuda a aperfeiçoar o conceito que o consumidor tem da marca como um todo, e não apenas do novo produto ou serviço. Essas extensões são muitas vezes "disruptivas", obrigando-nos a abrir os olhos, prestar atenção e modificar nossa visão da marca.

Diz-se, por exemplo, que o iMac mudou a idéia que as pessoas tinham da Apple. Seu *design* revolucionário era uma visualização dramatizada do desejo que tinha Steve Jobs de reconduzir a Apple àquilo que ela fazia melhor: produtos brilhantemente desenhados, de aparência bonita e de fácil manuseio. O iMac criou páginas e páginas de publicidade gratuita para a

CONSTRUÇÃO DA VISÃO DE MARCA

	Baixa	Alta
Alta	1 Fabricante de dinheiro Rémy Martin VS Grand Cru	2 Herói Beetle da VW
Baixa	Desodorante Gillette 3 Dreno	BA Concorde (antes da quebra) 4 Nicho

CONSTRUÇÃO DO NEGÓCIO

Figura 5.1: Matriz da construção da marca e negócio.

Apple e vendeu seis milhões de unidades nos Estados Unidos nos primeiros dois anos. Outros exemplos incluem o novo Beetle da VW, a lâmina de barbear Mach 3 da Gillette (Figura 5.2) e os Engineered Jeans da Levi's.

Produto Nicho de Mercado

Esse tipo de extensão requer manuseio bastante cuidadoso e uso comedido. É pequeno em termos empresariais, mas constitui uma boa dramatização da visão desejada da marca. Até ser banido tragicamente dos céus, o Concorde desempenhou esse papel para a British Airways, apresentando um impacto de imagem bem maior do que podia ser sugerido por seu pequeno número de passageiros.

No entanto, em muitos casos, se não na maioria, essas extensões engolem recursos sem provocar os efeitos esperados na construção da imagem. No mundo superpovoado dos consumidores de hoje, inúmeras mensagens

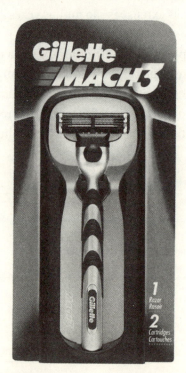

Figura 5.2: Extensão do tipo herói.
Reproduzido com a permissão da Gillette.

da marca se perdem. A menos que a extensão seja de fato comprada e usada pelo consumidor, é pouco provável que um produto ou serviço novo vá fazer alguma diferença para as percepções da marca. Por isso, grande parte das extensões que *constroem* uma imagem da marca são idéias de porte adquiridas por muitas pessoas, ou seja, as do tipo herói que vimos anteriormente.

Fabricante de Dinheiro

Esse tipo de extensão tem potencial para encher sacos de dinheiro, mas não funciona tão bem quando se trata de dramatizar a visão desejada da marca. Durante muitos anos, o conhaque Rémy Martin recusou-se a competir no

Figura 5.3: Fabricante de dinheiro.
Estúdio Claude Prigert. Reproduzido com a permissão de CLS RÉMY COINTREAU.

mercado "VS", gabando-se de possuir apenas produtos do nível superior VSOP ou acima. No entanto, o segmento VS constituía 30% do mercado de conhaque e representava, assim, uma bela oportunidade perdida. Finalmente, a Rémy resolveu estender-se para esse segmento, mas com um conceito, VS Grand Cru (Figura 5.3), que procurava oferecer um produto e uma embalagem de alta qualidade, mais prestigiosos, em consonância com o posicionamento da marca.

Dreno

Os drenos absorvem recursos e provocam impacto limitado tanto na imagem da marca quanto no crescimento da empresa. A idéia que teve a Gillette de tornar-se uma marca "de elegância masculina", capaz de oferecer não apenas lâminas de barbear, mas também desodorantes, parecia boa no papel. Todavia, a Gillette não conseguiu convencer os homens de que igualava, sem a pretensão de superar, a eficácia das marcas existentes como Sure e Rexona. A competência funcional da Gillette restringia-se ao âmbito do *barbear* e tudo o que os desodorantes lhe trouxeram foi o "caldo" dos valores emocionais masculinos, tipicamente americanos. As vendas e a participação de mercado têm sido até agora decepcionantes, sobretudo se considerarmos os polpudos orçamentos gastos para ter acesso a esse mercado altamente competitivo. Esses fundos poderiam ter suscitado melhor retorno se houvessem sido gastos no fortalecimento do negócio principal de aparelhos de barbear.

Bem ao contrário, a Gillette conquistou uma fatia de 58% no mercado de creme de barbear/gel do Reino Unido, que é da ordem de 68 milhões de libras, além de sua posição dominante na área de lâminas (participação de 78%). Aqui, a marca aplica a sua experiência como especialista da área a fim de estender-se para um mercado complementar.[2]

Vândalo da Marca

Existe um quinto tipo possível de extensão, que, na verdade, apresenta impacto negativo na imagem da marca. O risco mais grave de vandalismo da marca é lançar um produto de baixo desempenho, problema a que voltaremos no próximo capítulo, sobre cumprimento. Ele pode ocorrer também quando a extensão *não* estiver em consonância com a imagem desejada da marca *e* alcançar grande volume.

Pensa-se que o Porsche 924, mais barato, prejudicou a imagem da marca nos anos 1980, suscitando uma queda acentuada nas vendas. Proprietários ou compradores potenciais dos carros esportivos 911, mais autênticos e caros, enfureceram-se ao ver tantos 924 baratos nas mãos de vendedores e administradores de médio escalão.[3] Entretanto, a mais recente extensão Boxster não parece ter tido impacto tão negativo, a despeito do seu preço ser também muito baixo. Ele, ao que tudo indica, soube captar a "porschividade" no seu estilo e desempenho.

Ainda mais controvertida para a Porsche será sua entrada iminente no mercado de utilitários esportivos 4 × 4, com o Cayenne (Figura 5.4). Alguns observadores estão compreensivelmente inquietos com respeito a essa decisão, que mais parece um alongamento gigantesco. Não obstante, a imprensa reagiu de maneira positiva e a companhia vendeu a produção dos primeiros dezoito meses antes mesmo do lançamento. Só o tempo dirá, mas talvez o Cayenne esteja excessivamente distanciado da base para que os proprietários de modelos 911 o aceitem sem maiores problemas.

Figura 5.4: Porsche Cayenne – construtor ou vândalo da marca?
Reproduzido com a permissão da Porsche Cars GB.

114 ALONGANDO A MARCA

Examinaremos agora um exemplo prático de aplicação da matriz de construção da marca e negócio, antes de rever mais acuradamente cada uma das duas dimensões.

Bertolli: Capital de Risco Virtual

Em muitos casos, às equipes das marcas não faltam idéias de extensões possíveis. Problema grave foi o que a Bertolli enfrentou na Holanda em 2002: quais delas deveriam ser privilegiadas? A marca de comida italiana tinha nada menos que trinta extensões possíveis, numerosas demais para serem desenvolvidas. A equipe precisava selecionar as melhores e traçou um "guia de inovação" mostrando a seqüência de lançamentos.

Alicerces Sólidos para o Crescimento

A boa notícia é que um ótimo trabalho foi realizado durante os dois primeiros passos do processo de Alongamento da Marca. Em primeiro lugar, havia um produto-base forte e saudável, o azeite de oliva, que assumira posição de liderança no mercado holandês. Ele simbolizava todas as associações positivas da Itália, tanto funcionalmente (natural, saboroso, saudável) quanto emocionalmente (sol, encontros agradáveis com amigos e familiares). Em segundo, uma grande idéia da marca principal fora desenvolvida como conceito guarda-chuva para um leque maior de produtos. A promessa se resumia em "dar às pessoas um gostinho do prazer italiano", apoiada pelo benefício de um "alimento italiano verdadeiramente saboroso, fácil de preparar e degustar". A verdade da marca, de conter azeite de oliva genuíno, era uma barreira contra outras marcas italianas "falsas" como a Dolmio.

Compra de Idéias

O principal desafio consistia em avaliar as trinta e tantas propostas de extensão em poucas horas, não em dias. A solução foi pensar como uma "companhia virtual de capital de risco". Os membros da equipe deviam imaginar que dispunham de uma quantia limitada de capital para investir em novas extensões. "Promotores de projetos" em seguida "comprariam" suas idéias

Tabela 5.1: Exemplo de proposta de novos riscos.

Proposta de Novos Riscos

O QUE: Qual é a idéia de extensão? Produto? Embalagem? Preço?

. . . .
. . . .

POR QUE: Por que as pessoas desejarão comprar?

. . . .
. . . .

ONDE: Onde as pessoas irão comprar?

. . . .
. . . .

QUANDO: Data de lançamento o mais cedo possível
Data de lançamento *recomendada*

DAR VIDA À VISÃO:	BAIXO	OK	ALTO
• Promotor de valor 1:	☐	☐	☐
• Promotor de valor 2:	☐	☐	☐
• Promotor de valor 3:	☐	☐	☐
• Promotor de valor 4:	☐	☐	☐
• Promotor de valor 5:	☐	☐	☐
DA MARCA COMO UM TODO	Baixo	OK	Alto

POTENCIAL DO NEGÓCIO:

• Apelo ao consumidor:	Baixo	OK	Alto
• Diferenciação:	Baixa	OK	Alta
• Vendas em milhões de euros (5 anos):	Baixas	OK	Altas
• Margem de lucro bruto (%)	☐		
POTENCIAL DO NEGÓCIO COMO UM TODO		Baixo	OK	Alto

e tentariam obter apoio para elas. Em lugar das vinte páginas usuais de *slides* PowerPoint, cada líder de projeto preencheria uma simples "Proposta de Novos Riscos" em uma única página (Tabela 5.1). O documento fazia perguntas pertinentes sobre a planejada construção do negócio, além de estabelecer quão boa era a idéia para dar vida à visão da Bertolli, em especial os principais criadores de valor como "frescor", "italianidade" e "prazer em saborear". Essa abordagem forçou as pessoas a fazerem apresentações curtas e rápidas, facilitando a comparação das diferentes propostas.

Façam as suas Apostas

Um grande mapa de parede foi usado para dimensionar as idéias sobre o processo de construção da marca e do negócio (Figura 5.5). Seguiram-se debates acalorados quanto ao posicionamento das diferentes extensões, com cada líder de projeto defendendo apaixonadamente a sua causa. Para chegar à lista final de seis ou sete idéias, os membros da equipe foram convidados a "fazer as suas apostas" destinando um capital de risco imaginário, no montante de 10 milhões de dólares, a não mais que três idéias. Os exemplos seguintes ilustram os resultados da matriz da marca e negócio (candidatas a extensões foram mudadas por razões de sigilo).

Herói: Azeite de oliva

Esse produto ainda tem potencial para fomentar vendas, uma vez que o mercado está crescendo à medida que mais pessoas passam a usar azeite de oliva. Ele é também *a* simbolização perfeita do conceito da marca principal e da verdade do produto-base para outros itens do leque.

Fabricante de dinheiro: Spread

O *spread* promove um novo e significativo fluxo de renda para a marca e leva-a a um número maior de lares, pois ela compete num mercado grande. Mostra-se menos forte na construção de imagem, já que é um produto manufaturado, não tipicamente italiano. Entretanto, o ingrediente azeite de oliva torna-o mais *natural* que a margarina comum e amplia o benefício da vitalidade. Além disso, uma propaganda brilhante dá vivacidade ao mundo da

Bertolli, comunicando valores de saúde e bem-estar de um modo muito divertido. Mostra italianos gozando a vida em idade avançada, graças à sua dieta de azeite de oliva. O *slogan* irônico "Clube dos 18 aos 130" resume os benefícios da "longevidade agradável".

Produto de nicho: Vinagre balsâmico

Esse apresenta fortes valores de autêntica italianidade e funciona também como ingrediente complementar do azeite de oliva no preparo de saladas. Dado o modesto volume de vendas, o produto recebe pouco ou nenhum suporte, sobrevivendo de promoções no ponto-de-venda, medidas de relações públicas e efeito aura de outros apoios da marca.

Dreno: Maionese

Esse não é um grande construtor de imagem, mas um produto holandês tradicional que se consome com batatas fritas e não se espera ver numa mesa italiana. Além disso, à diferença do *spread*, produto e embalagem não agregam valor frente à concorrência, resultando, daí, um parco volume de vendas para a maionese. O apoio foi reduzido e o produto pode ser retirado da lista.

Figura 5.5: Matriz da construção da marca Bertolli.
Reproduzido com a permissão da Unilever Bestfoods dos Países Baixos.

Guia

O traçado do guia da inovação levou em conta questões práticas como a data de lançamento mais adiantada possível. O número de lançamentos anuais ficou limitado a dois ou três, a fim de garantir que cada qual contasse com o devido apoio. A equipe tentou ainda seqüenciar os lançamentos do produto de modo que a Bertolli fosse, aos poucos, conquistando credibilidade como uma verdadeira marca de alimentos. A primeira etapa da passagem de um monoproduto para uma marca especializada foi vencida com o alongamento direto para difusões e outros produtos à base de azeite de oliva, como *pesto*. A etapa seguinte consistia em criar um conceito guarda-chuva capaz de amparar um leque mais amplo de produtos que acrescentassem valor alimentício e fruição de sabor à marca, como molhos para massas. A etapa final resumia-se na oferta de refeições completas como comida pronta, já testada com êxito no mercado norte-americano.

Veremos em maiores detalhes como estabelecer o potencial da construção da marca e negócio para uma extensão. (Se o leitor achar que já conhece o assunto, poderá saltar as próximas páginas.)

Dimensão 1: Construção da Visão da Marca

A teoria, aqui, é que as extensões não se limitam a usufruir da percepção e da reputação da marca principal que as lança. Supõe-se que também lhe devolvam valores positivos, algo semelhante a pagar com juros um empréstimo bancário. Muitos consultores de marketing gostam de traçar um "círculo virtuoso" bem claro desse *feedback*, a fim de ilustrar o modelo. No entanto, o uso frouxo e incorreto desse modelo significa que poucas extensões apresentam os efeitos de construção da marca prometidos.

O primeiro problema é resumido pela atitude de egocentrização da marca numa grande empresa de marketing: "O objetivo principal da extensão é reforçar o valor econômico da marca. Todo aumento nas vendas pode ser considerado um bônus." Chega a assustar. Essa mentalidade induz a lançamentos que atendem às necessidades de imagem da marca, mas não às de seus consumidores. Essas extensões acabam como idéias anãs que, no fim, provocam pouco impacto no balanço ou na imagem da marca (Figura 5.6).

Tabela 5.2: Perguntas sobre impacto de imagem.

1. **Reforçar:** de que modo isso reforçará os atuais pontos positivos da promessa da marca?	2. **Adicionar:** que valores e benefícios, novos e positivos, isso adicionará?	3. **Subtrair:** haverá aí alguns aspectos inconsistentes com a visão da marca?

O segundo equívoco consiste em ignorar até que ponto a extensão *reforça* a promessa da marca principal, que a tornou famosa de início, e só considerar o que está sendo acrescentado. O esboço mais popular mostra que a extensão "herdará autenticidade" e "devolverá modernidade e inovação". A fim de evitar essa estratégia perigosa, você terá de examinar não uma, mas três questões capitais sobre qualquer tipo de extensão, conforme mostrado na Tabela 5.2.

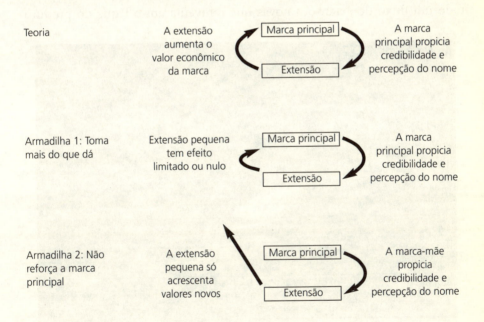

Figura 5.6: Armadilhas do círculo virtuoso.

Estímulo à Inovação

As extensões costumam ter efeitos positivos sobre a *imagem* da marca principal e melhorar a capacidade de lançar outras. No entanto, a menos que algo de fundamental se faça para aperfeiçoar o leque central de produtos, nenhum aumento nas *vendas* será observado. Veja-se o lançamento do impressionante PT Cruiser da Chrysler (Figura 5.7). Um crítico declarou:

> Até agora, há poucas indicações de que o furor causado pelo PT comunicará entusiasmo, nos Estados Unidos, a outros veículos da marca Chrysler.[4]

Por outro lado, o que as extensões do tipo herói *podem* fazer é estimular e inspirar uma oferta renovada de produto em termos do item principal, da embalagem e da comunicação.

Produto e embalagem

O iMac não foi um fenômeno isolado, que deu sorte à Apple. Ele inspirou todo um fluxo de extensões novas que reinventaram o leque do produto

Figura 5.7: O PT Cruiser da Chrysler.
Reproduzido com a permissão da DaimlerChrysler UK Ltd.

principal (Figura 5.8). A marca sempre lembrara inovação e facilidade de uso, mas desgarrou-se no início dos anos 1990 ao tentar brincar de pega-pega com os fabricantes de PCs. O iMac foi o começo do renascimento da marca e do negócio, quando a companhia voltou a enfocar aquilo que representava, aquilo que a fazia diferente da concorrência. Parou de fabricar gabinetes beges como qualquer outra marca e começou a fazer o que sabia, empreendendo fronteiras com produtos inovadores, atraentes e funcionais.

Comunicação

A comunicação, para o rum Bacardi em meados da década de 1990, tinha um componente rude, "durão", masculino. Exibia boxeadores dos anos 1950, oriundos do país natal da marca, Cuba. Uma nova concepção foi inspirada no sucesso da campanha da extensão Baccardi Breezer, com o seu *slogan* mais leve, "Espírito latino em todos". Ela mostrava que até o mais conservador dos britânicos traz em si um pouco da atitude e do comportamento dos latinos. A equipe concluiu que Bacardi era, afinal de contas, uma marca festiva e muito menos séria que outras bebidas brancas como a vodka. Isso deu alento a uma nova campanha para o produto principal, o rum, que enfatizava a alegria, a energia e o prazer, sem deixar de exibir claramente as raízes latinas da marca. A campanha, intitulada "Bem-vindo ao Bairro Latino", teve êxito em manter de pé o produto-base, apesar do incentivo dado ao Breezer.

Dimensão 2: Mostre-me o Dinheiro

A pergunta mais importante sobre a extensão potencial é: até que ponto ela fará a empresa crescer? Há inúmeras maneiras de avaliar o potencial de construção de um negócio. Uma abordagem simples faz quatro perguntas sobre a extensão (Figura 5.9). Isso pode parecer singelo e tosco, mas o superlotado cemitério das extensões sugere que elas quase sempre são ignoradas. As duas primeiras referem-se ao apelo do conceito e as restantes, à companhia em si:

- A extensão é atraente?
- Tem credibilidade?
- Temos a competência necessária?
- A extensão complementará o leque existente?

122 ALONGANDO A MARCA

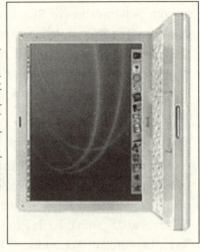
Produto principal (laptop) (iBook)

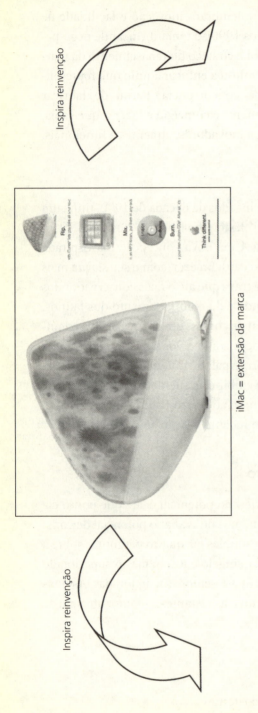
iMac = extensão da marca

Inspira reinvenção

Inspira reinvenção

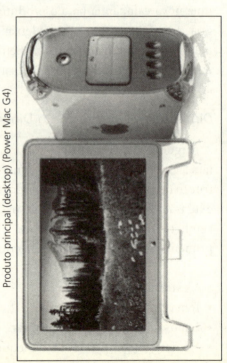
Produto principal (desktop) (Power Mac G4)

Figura 5.8: Extensões como estímulo para a reinvenção.

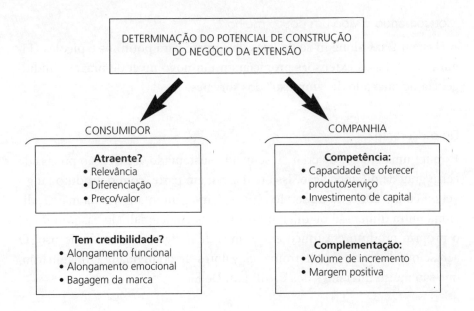

Figura 5.9: Determinação do potencial de construção do negócio das extensões.

Você não me Quer, meu Bem? (Atraente)

A pergunta mais importante para uma extensão é: o conceito atrai suficientemente? Em muitos casos, as extensões oferecem aspectos novos, mas que não chegam a proporcionar um benefício de peso. Por exemplo, as cervejas geladas nunca "emplacaram" realmente [na Inglaterra]. As do tipo Lager sempre foram servidas frescas e refrescavam, de modo que o benefício adicional de refrescar ainda mais não era decisivo. Há incontáveis fatores que devem ser considerados quando avaliamos a pertinência de uma extensão.

Ela está resolvendo um problema...

Por exemplo, os Nurofen Meltlets derretem na boca quando você precisa aliviar a dor mas não tem água à mão. Já a promessa do sabão em pó Ariel Hygiene, de remover germes das roupas graças à sua ação antibacteriana, não era importante para os consumidores e a extensão foi suprimida.

...ou tornando a vida um pouco melhor?

A Häagen-Dazs alongou-se de latas de sorvete para potinhos e picolés (Figura 5.10). Essas extensões propiciaram um novo nível de prazer e indulgência no mercado de "impulso" dos sorvetes.

Ela é diferente?

Para ter uma chance de criar crescimento sustentado, a extensão precisa de certo grau de diferenciação. Isso tem a ver, em parte, com o produto tangível ou com o conceito de serviço em si. A imagem intangível da marca adiciona outra dimensão de diferenciação, mais emocional. No caso do iMac, o próprio produto era único em termos de *design* e facilidade de uso. O acréscimo do nome Apple trouxe os valores de criatividade e imaginação, que são muito diferentes dos da IBM ou Dell.

Valor em troca de dinheiro

Muitas extensões fracassam por oferecer valor baixo em troca de dinheiro. Manter os preços no patamar certo é, não raro, uma forma de provocar a experimentação e minimizar o "risco de preço" que o consumidor tem de assumir ao adotar a nova idéia. Isso garante também que a extensão seja incluída nos hábitos de uso cotidiano. Entretanto, as equipes das marcas costumam superestimar o montante que o consumidor está disposto a pagar pelos benefícios que elas lançam no mercado. A extensão do sabão em pó Persil da Unilever para lavagem de roupas com o My Home teve grande apelo face ao mundo atarefado de hoje. Mas o elevado preço unitário desanimou as pessoas, provocando fraca experimentação e mesmo a venda do negócio.

Figura 5.10: Uma extensão atraente – que torna a vida um pouco melhor.
Reproduzido com a permissão de The Pillsbury Company.

Atrativo do mercado

O atrativo do novo mercado é outra questão-chave a considerar quando avaliamos o potencial de uma extensão. Os fatores básicos são dimensão do mercado, crescimento do mercado e intensidade da concorrência. Outra questão a considerar ao estabelecer o potencial mercadológico é se estamos indo contra ou a favor da corrente dos hábitos do consumidor:

- *Contra a maré*: tentar mudar os hábitos do consumidor é tarefa árdua, que tende a limitar o potencial da extensão na falta de um grande investimento. A marca Comfort, de amaciante de roupas, teve a brilhante idéia de oferecer um *spray* portátil chamado Refresh, para remover maus odores das roupas. A experimentação inicial foi boa, mas o uso ocasional demonstrou que poucas pessoas chegavam a comprar um segundo tubo.
- *A favor da maré*: as extensões que vão de encontro a um hábito antigo tendem a crescer mais. A Comfort logrou sucesso muito maior com o lançamento do Comfort Vaporesse, que perfuma as roupas quando usado no ferro de passar em vez de água. Aqui, os consumidores não estão empreendendo uma ação nova, apenas substituindo uma por outra. Além disso, passar roupas é um hábito cotidiano, de sorte que as ocasiões de uso são mais numerosas.

Acredite em Mim, Sou uma Marca (de Confiança)

A credibilidade depende do alongamento entre as percepções atuais da marca e a extensão. Quanto maior o alongamento, mais investimento será necessário para sufocar as dúvidas do consumidor e induzi-lo à experimentação. Um grande alongamento é possível; todavia, o grau e a duração do apoio exigido podem fazer de uma marca nova uma alternativa melhor. Não uma, mas duas dimensões devem ser consideradas: a funcional e a emocional. Juntas, elas ajudam a determinar os limites do alongamento da marca e a melhor abordagem de *branding* (Figura 5.11).

Alongamento funcional

Essa dimensão se refere à oferta de benefícios funcionais no conceito. Por exemplo, a Special K construiu uma boa reputação em cereais matinais sa-

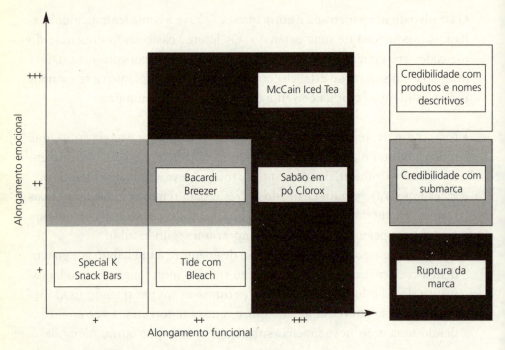

Figura 5.11: Limites da credibilidade da marca.

borosos e nutritivos junto às pessoas que viam suas imagens. Para a marca, foi um alongamento funcional relativamente pequeno oferecer barras de cereais (Figura 5.12). Estas atendiam a uma necessidade real, sendo saborosas mas com apenas o número de calorias equivalentes ao de três fatias de batata frita. As barras acrescentaram 20 milhões de dólares ao volume de vendas da marca no Reino Unido.

No caso de um alongamento puramente funcional como esse, não há necessidade de mudar o tom e a personalidade da marca. A solução de *branding* é a que se segue:

- A *marca de compra* que as pessoas preferem e conhecem pode permanecer a mesma.
- Um simples nome *descritivo* foi acrescentado para apresentar o novo produto.
- A Kellogg's recorreu a um *endosso* adicional de qualidade e confiabilidade.

Figura 5.12: Hierarquia de branding para o alongamento funcional.
Reproduzido com a permissão da The Kellogg Company.

Às vezes, *nomes descritivos reconhecíveis* são usados para destacar um pouco mais o nome da versão. A Absolut fez isso com suas vodkas aromatizadas (ver Figura 5.13) como Absolut Citron (em vez de limão) e Absolut Kurant (em vez de *"blackcurrant"*, groselha preta).

Em contrapartida, a extensão do alvejante marca Clorox para sabão em pó, nos Estados Unidos, não logrou em 1988 convencer os consumidores de sua credibilidade funcional. O sabão foi derrubado pelo peso da bagagem negativa da marca: preocupações quanto a ser ela grosseira e sem experiência com o cuidado das roupas. A despeito dos 225 milhões de dólares gastos no desenvolvimento e apoio de marketing, a extensão só conquistou uma participação de 3%. O Bleach, extensão do Tide, sabão em pó que detinha a liderança, obteve muito mais sucesso e alcançou uma participação de 17%, passando a ocupar a segunda posição no mercado. Dada a experiência da marca com lavagem e cuidados de roupas, o Tide não precisou fazer um alongamento funcional muito grande.[5]

Alongamento emocional

O alongamento emocional ocorre quando sua personalidade, tom e estilo são diferentes dos da marca-mãe. Como ocorre com as pessoas, isso é mais

Figura 5.13: Nomes descritivos reconhecíveis.
Com a permissão de V&S Vin & Sprit AB. ABSOLUTE COUNTRY DA SWEDEN VODKA E LOGO, DESIGN DA GARRAFA ABSOLUT E CALIGRAFIA ABSOLUT SÃO MARCAS REGISTRADAS DE V&S VIN & SPRIT AB. ©2003 V&S VIN & SPRIT AB.

difícil do que alterar tarefas (isto é, alongamento funcional). Uma *submarca* permite um alongamento mais emocional que um simples nome descritivo (por exemplo, Bacardi Breezer *versus* Bacardi Lime and Soda). Aqui, a extensão começa a escapar ao universo da marca principal e a assumir personalidade própria. Como um filho ou filha, a submarca cultiva os mesmos valores familiares e assina o mesmo nome, mas tem vida própria. Lançar uma marca totalmente nova, talvez com algum *endosso* discreto, permite mais alongamentos, mas promove menos a marca (Figura 5.14).

Submarcas com vistas a um alongamento mais emocional às vezes são necessárias por diversas razões:

- *Novo público-alvo*: é o caso do lançamento do Martini V2 pré-misturado para jovens.
- *Aumento da curva de valor*: como ocorreu com o café de alta qualidade mais ambicioso da Nescafé, o Gold Blend, que oferecia valor agregado real no produto (moído *versus* granulado) e embalagem exclusiva.

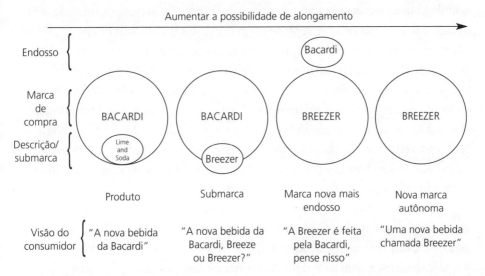

Figura 5.14: Opções de branding para diferentes níveis de alongamento.

- *Diminuição na curva de valor*: como no caso do filme Kodak Funtime, garantindo que o item oferece "menos por menos", não é o mesmo produto a preço menor.

Diminuir a curva de valor é muito arriscado, pois pode afetar a imagem da marca-mãe entre os usuários atuais e encorajá-los a "mudar". Isso é especialmente prejudicial quando o prestígio e a exclusividade integram o conceito da marca. Um estudo mostrou que uma extensão mais simples da BMW teve impacto negativo na imagem da marca entre os usuários, embora isso haja sido minimizado pela adoção de uma submarca.[6] A Levi's, obviamente, julgou que podia descer um pouco com sua série Signature de jeans baratos vendidos no Wal-Mart e outros supermercados populares. No entanto, mesmo com uma submarca, essa medida parece arriscada para uma marca em que "a imagem é tudo". A Gap tentou um passo semelhante com a Gap Warehouse, mas acabou substituindo-a pela Old Navy.

Ruptura da marca

Uma marca pode ser alongada *com proveito* só até certo ponto, mesmo recorrendo a submarcas. Veja o caso da egocentrização da McCain, que passou de batatas fritas para chá gelado com a submarca McCain Colorado. Ela acalentou a ilusão de que representava o estilo de vida americano e podia oferecer quaisquer produtos que se encaixassem nesse conceito. Na realidade, a McCain vendia produtos congelados de conveniência em supermercados e não tinha credibilidade emocional para concorrer eficientemente no mercado de refrigerantes. Além disso, havia a questão funcional do sabor de um chá feito por um vendedor de petiscos congelados. A McCain, inteligentemente, retirou o chá da maioria dos supermercados e voltou a concentrar-se no seu leque-base de produtos à base de batata. Além disso, invadiu o mercado adjacente de pizzas congeladas para microondas.

Quando o alongamento está muito distante, desenvolver uma marca nova pode gerar melhor retorno de investimento. A Prudential enveredou por esse caminho ao lançar um banco *on-line* em 1998. Ela sabia que a personalidade fresca, vibrante e divertida necessária para competir nesse novo mercado estava a milhões de quilômetros da imagem confiável, mas apagada da Pru. Isso levou à criação da marca ovo, uma das poucas marcas ponto-com que não se tornaram ponto-bomba. Já está obtendo lucros e conta com mais de dois milhões de consumidores em seus arquivos.

Levar para Casa um Pouco de Bacon *Novo* (Complementar)

A extensão deveria, teoricamente, complementar o leque de produtos existentes a fim de maximizar os lucros gerados. Os dois problemas a considerar são o volume do incremento e a lucratividade da própria extensão, problemas já discutidos no Capítulo 2.

Fonte do negócio

O aumento de volume e do lucro para o negócio como um todo é, no final das contas, o que importa numa extensão. Portanto, deve-se avaliar bem o grau de canibalização dos produtos existentes. Esse risco se agrava em se tratando de extensões a partir da base, sobretudo aquelas que não são novas e diferentes o bastante.

Lucratividade da extensão

As extensões da marca devem ser uma oportunidade de aumentar os lucros graças ao lançamento de produtos e serviços com valor agregado capaz de justificar o preço mais alto. Uma armadilha a evitar é a oferta de um "algo mais" que onera o custo sem que o preço suba. A incapacidade de justificar um preço mais alto obriga-nos a examinar se os benefícios adicionais estão agregando valor, e não mera complexidade, para os consumidores.

Podemos Fazer Isso? (Competência da Empresa)

A falta de competência e experiência pode tornar difícil, para a empresa, cumprir a promessa veiculada no conceito sem um investimento de capital significativo. Ainda que a marca consiga alongar-se conceitualmente, a companhia talvez ache improvável um retorno suficiente de capital. Por exemplo, o alongamento da Mars, de confecções para sorvetes, é um clássico do gênero. Todavia, converse com quem está "por dentro" e ouvirá que a empresa ainda espera ganhar muito dinheiro com esse empreendimento de risco, mesmo depois de uma década de investimento pesado. Esse passo corajoso envolveu grandes custos de capital para a construção de novas fábricas e, durante vários anos, a capacidade de utilização esteve baixa demais para gerar um bom retorno de capital.

Alongar marcas de produto para o setor de serviços é uma área na qual a falta de competência tem custado caro a muitas empresas. A teoria reza que esses riscos constituem brilhantes construtores de imagem, criando um universo onde o conceito da marca ganha vida. Mas a dura realidade é que eles são negócios como quaisquer outros. A menos que conquistem número suficiente de usuários, a tabuleta "Aluga-se" será dependurada antes de você se dar conta, como foi o caso das barbearias Lynx e do Capital Radio Café. Empresas que trabalham com bens de consumo têm aprendido, pela via mais difícil, que o negócio de serviços exige habilidades diferentes, além de pesado investimento, para ser rendoso.

O easyGroup é exemplo de uma marca que descobriu os riscos de, sem a necessária competência, tentar atingir o seu público principal.

A História do easyGroup: Assassinato na Folha de Balanço

Stelios Haji-Ioannou, carismático *chairman* do easyGroup, está competindo duramente com o seu ídolo Richard Branson na área da egocentrização. Como diz um artigo: "Os filhotes ainda precisam sair do ninho e continuam confiantes no pai – por dinheiro e também por administração." Segundo esse artigo, as extensões café internet, cartão de crédito e serviço de comparação de preços *on-line* têm duas coisas em comum. Primeira: elas afundaram boa parte do dinheiro ganho pela easyJet (mais de 100 milhões de dólares em 2002) num mar de tinta vermelha. Só o negócio do café internet já perdeu (está preparado?) 150 milhões. A expansão foi rápida demais, com vinte cafés abertos em oito países antes de o modelo do negócio ser aprovado. O serviço de comparação de preços é, em todos os sentidos, uma empresa virtual, com poucos usuários e perdas da ordem de 7 milhões de dólares. O cartão de crédito tem, ao todo, 1.500 associados e perdas de 4 milhões (Figura 5.15).[7]

O segundo ponto em comum da maioria dessas extensões é que elas parecem não saber o que fazer com o público conquistado pelo negócio-base, a easyJet. O easyGroup alega que aprendeu com esses equívocos e planeja lançar extensões para incrementar os seguintes setores:

- *Nada de "frescuras"*: cumpre remover as "frescuras" que muitos consumidores não acham essenciais, como comidas e bebidas em aviões (Figura 5.16). Havia poucas dessas excrescências a remover do cartão de crédito e da loja virtual. Removê-las significa cortar custos e transferir essa economia ao consumidor, sob a forma de preços mais baixos.
- *Elasticidade de preços*: oferecer preços mais baixos significa não apenas preservar a fatia de mercado, mas também atrair novos consumidores que, de outra forma, não comprariam o produto. Eis o que a easyJet e outras companhias aéreas de baixo custo sabiam fazer muito bem, ampliando o mercado de viagens de avião. O problema do cartão foi que a oferta de tarifas moderadas só atraía consumidores com o crédito comprometido, coisa que desnaturava o modelo do negócio.
- *Administração lucrativa*: o easyGroup tem mesmo competência para explorar os elementos físicos graças ao aprimoramento de sua utilização. Com a easyJet, ele desenvolveu modelos e sistemas para manter preços e

QUARTO PASSO: ENFOQUE **133**

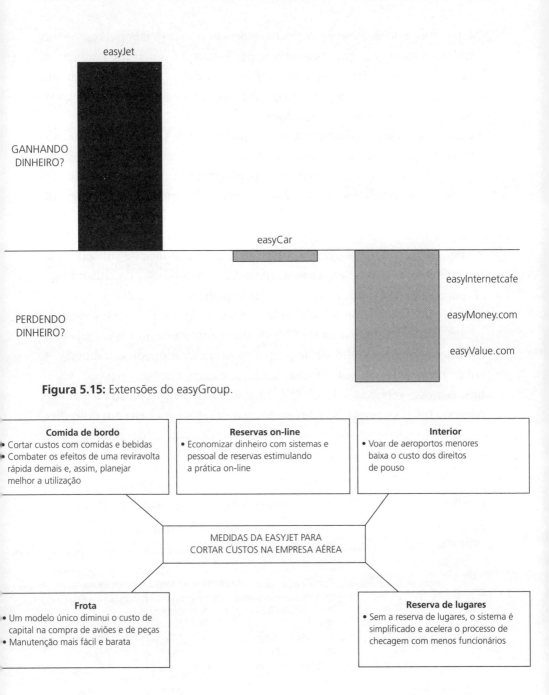

Figura 5.15: Extensões do easyGroup.

Figura 5.16: Corte de custos da easyJet.

lotar seus aviões. Reserve com antecedência e pagará menos, reserve no último instante e pagará pelo privilégio. Essa técnica permite também ao easyGroup anunciar preços incrivelmente baixos e chamativos em sua propaganda (embora já se note algum descontentamento quanto ao que é necessário fazer para usufruir desses preços).

• *Colaboração do consumidor*: aos consumidores deve-se dar a oportunidade de fazer alguma coisa ou o trabalho todo, como reservas *on-line* e disputa de lugares, em vez de ter tudo isso predeterminado. A medida reduz ao mínimo os custos com pessoal e também garante melhor consistência de serviço.

A empresa de aluguel de carros, easyCar, tem boa chance de consolidar-se rapidamente, o que reflete sua adequação às necessidades do consumidor (Figura 5.17). Há excrescências a serem removidas, como a escolha por demais ampla de modelos. Elasticidade de preços significa que estes, quando baixos, atraem mais usuários: 77% dos consumidores do easyCar jamais consideraram a possibilidade de recorrer a outra locadora de automóveis. A colaboração deles consiste em mandar lavar o carro alugado ou pagar dez libras por esse serviço ao devolvê-lo. Isso se deveu à observação de que boa parte do tempo no negócio convencional de aluguel era gasta em limpeza e lavagem. Cerca de 80-90% dos consumidores do easyCar devolvem o carro limpo, o que diminui despesas com pessoal, mas reduz também o tempo de

	easyCar	easyCinema
■ Remover excrescências	** (Escolha do modelo)	0 (Pipoca mais...?)
■ Fazer o consumidor contribuir	*** (Reserve on-line, lave o carro e apanhe o veículo você mesmo em futuro próximo)	0 (Reservar on-line mais...?)
■ Cortar preços/preços elásticos	*** (Grande oportunidade de baixar os preços e atrair novos usuários para a categoria)	* Menos chance de baixar os preços? Preços altos ainda oferecidos
■ Administração lucrativa	*** (Reservar com antecedência e pagar menos é convidativo)	* Decisão espontânea de muitas pessoas?
ADEQUAÇÃO TOTAL	***	0/*?

Figura 5.17: Extensões e adequação às necessidades do consumidor do easyGroup.

uso e assim onera outros fatores. Além disso, a easyCar planeja dar um passo à frente permitindo que o usuário apanhe o carro num ponto onde não há funcionários. O veículo é destravado por controle remoto quando um cliente de confiança faz uma ligação pelo celular.

Também no ramo dos cartões estão os hotéis easyDorm. Aqui, há um modelo a copiar: a cadeia de hotéis French Formulae One. Você se registra com o cartão de crédito, leva a sua própria bebida e esquece o serviço de quarto, mas tem desconto de 30 dólares na diária. Da mesma forma, o easyJet é uma cópia perfeita das bem-sucedidas Southwest Airlines americana.

Há indícios de que a Stelios está longe de renunciar à egocentrização da marca; como ele mesmo diz, isso o diverte. A última aventura, o easyCinema, parece atender mal às necessidades dos consumidores. Um observador brincou: "Fora a pipoca, que outros supérfluos serão removidos? Talvez as poltronas e os filmes!" E estou para descobrir alguém interessado em reservar com antecedência, a baixo preço, os produtos da easyPizza.

> **Resumo do Virgin easy-Group**
>
> 1. Saiba quais são as suas habilidades.
> 2. Procure usá-las para agregar valor em novos mercados.
> 3. Evite egocentrizações da marca que se afastem dessas habilidades, a menos que você tenha pais ricos.

Alternativas para Ir Sozinho

Licenciamento

O licenciamento consiste em transferir para outra companhia os direitos de usar o nome da marca e símbolos associados, bem como imagens, em troca de remuneração. Esta costuma ser de 10-12% sobre o valor das vendas, mas pode variar muito. No passado, o licenciamento foi usado principalmente por marcas de elite como a Disney no entretenimento e a Ralph Lauren na moda. A Disney recorreu ao licenciamento para criar um negócio completamente novo e bilionário chamado Disney Consumer Products, à custa de desenhos animados de sucesso como *O Rei Leão*. Cada vez mais, bens de consumo menos atraentes estão embarcando também no comboio do licenciamento. Você pode hoje comprar chocolates Cadbury e sorvetes M&Ms graças a operações de licenciamento realizadas pelas empresas proprietárias das marcas.

Pontos fortes

Os *principais atrativos* do licenciamento da marca são três. Primeiro, você gera um novo fluxo de lucros sem investimento de capital, aumentando assim, grandemente, o retorno de capital da empresa. Segundo, o lançamento em si tem mais chances de sucesso porque você está recorrendo a uma comprovada experiência setorial, como a distribuição do Starbuck's Frappuccino pela Pepsi em mercearias. Finalmente, o produto licenciado ajuda a chamar a atenção para a marca que deve, em teoria, promover os itens-base.

Pontos fracos

Como em tudo, também existem *pontos fracos* a administrar. Primeiro, é necessário um cuidadoso controle de qualidade para garantir que os produtos

Figura 5.18: Produtos licenciados da *Cosmopolitan*.
Reproduzido com a permissão da Bedeck e da Carlton Books.

licenciados apresentem o perfil exigido. Tem de haver algum "valor agregado da marca" além daquilo que a Disney chama de "colar o selo", ou seja, simplesmente apor o logo da marca a um produto medíocre. Não se sabia ao certo como a revista *Cosmopolitan* iria acrescentar valor a iogurtes, que, aliás, duraram pouco. Em contrapartida, outros licenciamentos de guias de sexo e roupas de cama adequam-se bem à desejada personalidade da marca, que é a de ser fascinante, alegre, moderna e sensual (Figura 5.18).

Além disso, o volume do valioso tempo de administração gasto com produtos licenciados precisa ser controlado. Dá-se isso porque, em muitos casos, esses produtos provocam inúmeros estudos de caso e geram poucos lucros. Poucas marcas podem igualar o apelo de imagem e o valor emblemático da Harley-Davidson. No entanto, mesmo essa companhia só aufere cerca de 5 milhões de dólares de seus licenciamentos internacionais (não se deixe levar pelo alegado volume de 150 milhões no varejo: metade disso equivale ao preço por atacado, que se deve multiplicar por 10% do licenciamento para obter o valor real). Também é difícil perceber quais são os benefícios de construção de imagem de um *cooler* de vinho (hoje morto) e de um perfume L'Oréal (ainda oferecido na França e na Alemanha) para uma marca que vende motocicletas enormes a "rapazes" com idade média de 46 anos.[8]

Combinação de Marcas

Eis outra alternativa para você "se virar" sozinho com uma extensão. Ela envolve duas companhias que juntam marcas num único produto a fim de melhorar o apelo e a diferenciação. Uma marca primária é complementada por outra secundária, que lhe empresta credibilidade ou atrativo. A goma de mascar Orbit (primária) aprimorou sua capacidade de proteção dentária com o acréscimo da marca Crest (secundária). Nesse caso, a combinação vai muito além do simples acréscimo de um logotipo; a P&G está também oferecendo tecnologia de proteção aos dentes.

Conclusões Principais

1. O mau uso da extensão da marca pode acabar fragmentando o negócio, em vez de fortalecê-lo.

2. Os recursos humanos e financeiros devem concentrar-se nas extensões com potencial inequívoco para ampliar tanto o negócio quanto a visão da marca.
3. A capacidade da companhia é também uma consideração-chave que costuma limitar o alongamento da marca. Licenciá-la para outra empresa que tenha a necessária proficiência pode ser um meio melhor de maximizar o retorno do investimento.

Questionário 5: Enfoque

	Sim	Não
• Qual é a evidência de que a extensão está atendendo a uma necessidade real do consumidor?	☐	☐
• A extensão de fato se diferencia do produto principal e da concorrência?	☐	☐
• O alongamento funcional e emocional tem credibilidade a partir da marca-mãe?	☐	☐
• A extensão está ajudando a reforçar o conceito da marca principal e não apenas tentando acrescentar novos benefícios?	☐	☐
• Você está certo de ter competência o bastante para lançar um produto ou serviço que se saia melhor que os da concorrência?	☐	☐

 Passando Conhecimento

Vimos como concentrar recursos nas idéias de extensão para melhor fomentar o negócio e a marca. Examinaremos agora a importante, mas muitas vezes descurada, questão da execução. O próximo capítulo, sobre cumprimento da promessa, ressaltará a necessidade de produzir múltiplos níveis de diferenciação no produto ou serviço, a fim de evitar o equívoco das promessas excessivas.

Quinto Passo: Cumprimento

CAPÍTULO 6

2 VISÃO

3 IDÉIAS

6 ARQUITETURA

1
FORTALECER
A BASE

5 CUMPRIMENTO

4 ENFOQUE

Resumo

Ainda que você tenha concentrado seus esforços e investimento em extensões com excelente potencial, a má execução pode levar tudo a perder. Não cumprir as promessas implícitas no conceito é considerado, pelos diretores de marketing, uma das principais causas do fracasso das extensões. Em contrapartida, uma excelente execução produz vários efeitos positivos. O primeiro, e mais importante, é que isso ajuda a fomentar a recompra e assim aumenta a probabilidade de crescimento lucrativo. Ajuda também a gerar um trabalho boca a boca favorável e publicidade gratuita, que são de longe as melhores formas de promoção da extensão. Finalmente, a qualidade do produto permite que você amplie os limites do alongamento: as pessoas vão querer comprar um produto fantástico, mesmo que o vínculo com a marca não seja óbvio.

Execução Subestimada

Os adeptos da egocentrização preocupam-se com a teoria, não com a ação. Acham que a estratégia é *a* chave do sucesso, quando não passa, no máximo, de metade da resposta. Tomem como exemplo os debates em torno da extensão da Persil, de sabão em pó para detergente de lava-louças, conforme evocados por um ex-diretor de marketing da Unilever:

> As equipes da marca gastaram dias e dias aferradas a discussões sobre até onde o valor econômico da Persil podia alongar-se e qual impacto o novo lançamento teria sobre a imagem da "marca-mãe". No entanto, a questão mais importante, freqüentemente ignorada, era se poderíamos desenvolver um detergente melhor que o líder do mercado, Fairy.

Na realidade, a execução é tão importante quanto a estratégia para se determinar o êxito de uma extensão da marca. Os diretores de marketing colocam a incapacidade de cumprir promessas no topo de suas listas de motivos para extensões fracassadas (Figura 6.1). Consideram esse fator duas vezes mais importante que a inadequação à marca, tantas vezes citada. O Nescafé Quente Quando Você Quiser é bom exemplo de extensão da marca que prometeu demais, não cumpriu e pagou caro por isso.

Nescafé Quente Quando Você Quiser: Execução Não Tão Quente

A extensão era uma ótima idéia. Punha o café ao alcance de pessoas em movimento graças a uma inovadora lata que se auto-aquecia (Figura 6.2). O formato da embalagem lembrava o dos refrigerantes, além de acrescentar modernidade e apelo jovem. Um teste em cinco mil estabelecimentos começou com 3,75 milhões de dólares acima do apoio de marketing determinado, inclusive uma campanha de televisão. Todavia, a lata não conseguia esquentar bem o café, especialmente nos meses mais frios do inverno inglês. Como disse ironicamente um diretor de marketing para bebidas estimulantes: "Alguns consumidores se referiam ao produto como 'Morno Quando Você Quiser'".[1] Outras falhas na execução contribuíram para o fracasso do lançamento. A quantidade de líquido dentro da lata era bem menor do que sugeria o tamanho da embalagem, criando uma má impressão de ludíbrio. A diferenciação não muito clara das variantes fazia com que as pessoas às vezes pegassem uma com açúcar por outra sem, e vice-versa. A penetra-

Figura 6.1: Fatores de fracasso para extensões das marcas.
Fonte: The brandgym, pesquisa junto a diretores de marketing.

Figura 6.2: Nescafé Quente Quando Você Quiser.
Reproduzido com a permissão da Nestlé UK Ltd.

ção atingiu 15% em cinco meses, mas decresceu quando os consumidores deixaram de comprar de novo. A aventura foi interrompida e a equipe do Nescafé voltou à prancheta.

Dano da Marca

Fornecer um produto inferior não é ruim apenas para a extensão. Também pode induzir as pessoas a reavaliar suas opiniões sobre outros itens do leque que já adquirem, conforme um estudo feito junto aos consumidores do Reino Unido. Nada menos de 86% deles disseram que veriam outros produtos do leque sob um prisma negativo caso experimentassem uma extensão de baixa qualidade. Mais preocupantes ainda são os 39% que chegariam ao ponto de reavaliar suas compras desses produtos (Figura 6.3).

Figura 6.3: Efeito de uma má extensão nos outros produtos do leque.
Fonte: The brandgym, abril de 2003.

Quanto mais próxima a extensão estiver da marca-mãe, maior o risco de minar a confiança do consumidor na promessa dessa marca. Em circunstâncias extremas, os efeitos chegam a ser catastróficos, como no problema da "aceleração súbita" do Audi 5000 que resultou em acidentes fatais. As vendas ruíram de 74.000 em 1985 para 21.000 em 1985. O Audi 5000, é claro, foi o mais afetado, mas a publicidade adversa contaminou os outros modelos.[2]

Quando o alongamento se distancia da base, as conseqüências negativas são menos graves. Por exemplo, o mau serviço nos trens da Virgin farão você pensar duas vezes antes de voar pela Virgin Atlantic, porquanto as duas empresas de viagens estão intimamente associadas. No entanto, é menos provável que deixe de utilizar a Virgin Telecom ou a Virgin Finance.

Um Salto Atrás

Um dos grandes benefícios de uma marca forte é sua capacidade de recuperar-se de uma extensão ameaçadora, como foi o caso da ressurreição do detergente mais vendido no Reino Unido, Persil. A malfadada extensão Persil Powder, em 1994, foi considerada a última arma da Unilever contra a sua arqui-rival, Procter & Gamble. Não obstante, a Procter logo aproveitou os boatos de que o "acelerador" à base de manganês, contido na fórmula do novo produto da Persil, podia danificar as roupas sob certas condições de lavagem. Apresentadores de televisão começaram a mostrar calças com buracos produzidos pelo Persil Powder nos noticiários noturnos. Três meses após o lançamento, a participação caiu de 27,4% para 24,2%, ou seja, um "buraco" de 45 milhões de dólares nas vendas a varejo. Entretanto, no espaço de dois anos, a marca recuperara as perdas e, em 2003, liderava de novo o mercado com participação de quase 30%.[3]

Marca e Cumprimento

A boa notícia é que cumprir mais que o prometido compensa. E o mais importante, gera níveis mais altos de recompra e lealdade, além de criar um boca-a-boca positivo que induz à experimentação. O estudo de extensão, já citado, mostra que mais de 70% dos consumidores que tiveram uma *boa* experiência de produto mostram-se mais simpáticos aos novos lançamentos do leque. Em conseqüência, cerca de metade das pessoas estão propensas a experimentar esses lançamentos (Figura 6.4).

Uma empresa que parece valorizar bem a importância da qualidade do produto na proteção da integridade da marca é a BMW, segundo Chris Bangle, diretor global de *design*:

> Com freqüência apelo para um senso profundo, quase não-verbal de ligação com a BMW – um certo orgulho do produto, partilhado por todos os integrantes da companhia, que se expressa na qualidade clássica de nossos carros, do ronco do motor à maciez dos bancos. Aqui, cada funcionário sabe que, se um automóvel não tiver essas coisas, não é um BMW – e os consumidores não o comprarão.[4]

Um exemplo de extensão que cumpriu mais do que prometeu é o aparelho de som iPod MP3 da Apple.

O iPod da Apple: Execução "Quente"

O aparelho de som iPod MP3 da Apple foi o maior sucesso da empresa fora de sua área principal de informática. Ele ilustra, de modo espetacular, como uma execução excelente pode ajudar uma marca a alongar-se para novos mercados. As vendas, segundo estimativas, chegaram a nada menos que meio milhão no último quadrimestre de 2002, dando à Apple uma previsão de participação de 15% no mercado global de aparelhos MP3.[5]

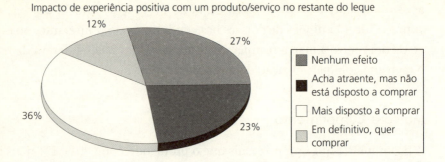

Figura 6.4: Efeito de uma boa experiência nos outros produtos do leque.
Fonte: The brandgym, abril de 2003.

O iPod é um dos mais bem-realizados *designs* do Apple Design Group, chefiado por Jonathan Ive. Sem dúvida, causa admiração. Com frente de Perspex branca e fundo cromado, parece elegante e moderno como nenhum outro aparelho MP3. Suas raízes remontam, com êxito, ao Apple G4 Power-Book de titânio e ao iBook todo branco. A promoção no ponto de venda permitiu que os compradores o admirassem em toda a sua glória, encaixado em Perspex e com a face acessível para que quem quisesse o experimentasse. Detalhe importante, a excelência do *design* foi aplicada não só ao produto, mas também à embalagem. Uma bonita caixa branca encerrava o iPod, e os fones de ouvido vinham num plástico selado a vácuo que lembrava mais o invólucro de um cosmético Prada do que o de um aparelho eletrônico (Figura 6.5).

O iPod não apenas atrai pela aparência: seu desempenho também deixa os concorrentes a quilômetros de distância. Ele pode gravar de duas a quatro mil trilhas, dependendo do modelo escolhido, enquanto muitos aparelhos de MP3 têm apenas 5% ou menos dessa capacidade – e com o tamanho de um maço de cigarros! Além do mais, a conexão com o PC emprega uma tecnologia diferente da de grande parte dos aparelhos de MP3 (Firewire em vez de USB), o que significa que você pode baixar um álbum do computador em segundos, não minutos. (Caso o leitor se sinta intrigado, saiba que não fui pago pela Apple para falar com tamanho entusiasmo sobre o seu produto; ele é realmente bom.)

O sucesso do iPod demonstra também que um produto excelente gera publicidade gratuita. O *design* e o desempenho do produto significaram que compradores felizes se tornaram fãs do que compraram, passando a mostrar

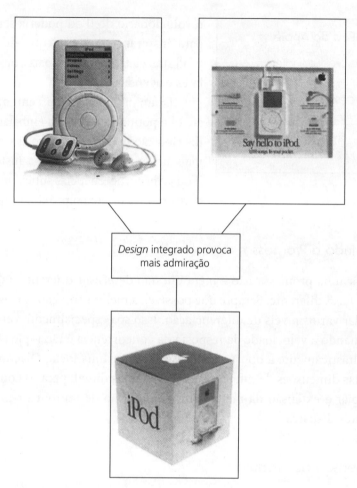

Figura 6.5: Design completo do iPod da Apple.
Imagens: cortesia da Apple.

e a falar *a todos* sobre a sua aquisição. Além disso, esse *buzz* foi alimentado por uma cobertura de imprensa unanimemente positiva, que reconheceu a ousadia da inovação da Apple. Apesar de um parco investimento em publicidade, o produto suscitou ótimos níveis de percepção e interesse.

O incrível sucesso do iPod faz-nos perguntar até onde a Apple poderá ir. Depois de anos de luta contra o exército da "Wintel" (Windows e Intel), numa batalha que parece impossível de vencer, será que ela deveria considerar a possibilidade de alongamento como o melhor passo a dar? O *design*

> **Resumo do iPod da Apple**
>
> 1. "Trata-se do produto, idiota."
> 2. Bons produtos geram buzz que vale o seu peso em ouro.
> 3. Reflita sobre o conceito geral do design, inclusive ponto de venda e embalagem externa.

revolucionário do iPod poderia ser usado para inspirar todo um leque de outros produtos eletrônicos pessoais como celulares e agendas?

Examinaremos agora, em minúcia, até que ponto o produto, a embalagem e a distribuição podem ajudar você a cumprir mais do que prometeu. (Se a história do iPod já lhe forneceu idéias suficientes sobre o assunto, vá direto ao próximo capítulo.)

Cumprindo a Promessa

Cumprir uma promessa não é mera questão de *pensar* diferente, mas também de *fazer* diferente. Sempre que possível, a melhor solução consistirá em acumular vários níveis de diferenciação. Isso soa especialmente verdadeiro hoje, quando a velocidade da resposta da concorrência é tão rápida que lhe reduz drasticamente a oportunidade de explorar uma idéia. O acúmulo de múltiplas dimensões de diferenciação torna mais difícil, para os concorrentes, copiar a extensão da marca, porquanto terão de reproduzir inúmeros elementos díspares.

A Dimensão do Produto

Por trás da maioria das grandes extensões da marca existe, está claro, um grande produto. Embora um marketing insinuante possa persuadir as pessoas a experimentar determinado produto ou serviço novo uma vez, se o serviço ou produto não for bom a recompra e a lealdade provavelmente não ocorrerão. No entender do professor Kevin Lane Keller,[6] há, no caso das extensões, dois problemas de desempenho principais a considerar. O primeiro é ter um "ponto de paridade" frente às necessidades básicas de desempenho do novo segmento ou mercado. O segundo é conseguir um "ponto de diferença", ou seja, o novo benefício oferecido pela marca.

Pontos de paridade

Ir além das necessidades básicas num novo mercado é recurso freqüentemente ignorado na corrida pela diferenciação. A Nivea esperou anos até alongar-se da área de cuidados da pele para desodorantes, pois queria encontrar uma maneira de fornecer um produto que realmente protegesse contra os odores. Sem esse ponto de paridade, a extensão se tornaria mero produto nicho, não utilizável no dia-a-dia.

Pontos de diferença

Presumindo-se que um novo produto tenha a base adequada, obviamente ele precisará oferecer um ponto de diferença qualquer para alcançar o sucesso. É nisso que falham muitos lançamentos novos, pois não conseguem mostrar nenhuma novidade. O Timotei era um shampoo de muito prestígio na Europa durante os anos 1980. Estender seu benefício de suavidade, maciez e formulação natural para a área de cuidados da pele parecia um passo lógico. Mas faltava-lhe diferenciação frente a concorrentes como Body Shop e Pure and Simple.[7] A extensão foi um verdadeiro fracasso, apesar do forte apoio de marketing para propaganda, promoção e ponto de venda.

Há inúmeras maneiras de criar um ponto de diferença, conforme foi discutido no Capítulo 3:

- *Seja único*: as extensões da Bertolli oferecem vitalidade e longevidade, pois em sua fórmula entra o azeite de oliva.
- *Empenhe-se*: a Gillette insistiu consistentemente nas promessas do benefício principal de uma barba bem-feita, investindo milhões de dólares para desenvolver aparelhos de fato superiores.
- *Acrescente algo mais*: a forma arredondada dos saquinhos de chá da Tetley facilitava o uso e adaptava-se melhor ao fundo da xícara, o que aumentou a participação de 14% em 1989 para 17% em 1995.

A Dimensão da Embalagem

O *design* é uma fonte incrivelmente rica de diferenciação, pois permanece com o consumidor durante a vida inteira do produto, ao contrário da natu-

Incrementar o apelo do produto

Induzir à experimentação do produto

Consolidar a imagem da marca

Incrementar a promessa do produto

Figura 6.6: A embalagem como diferencial.
Embalagem de Ariel reproduzida com a permissão da Procter & Gamble; do Fruit Shoot reproduzida com a permissão da Britvic Soft Drinks Ltd; do Gold Blend reproduzida com a permissão da Nestlé UK Ltd; de Mentadent reproduzida com a permissão da Unilever HPC, NA.

reza mais efêmera das comunicações. A dimensão de *design* pode incrementar a promessa e o apelo do produto, induzindo à experimentação e consolidando a imagem da marca (Figura 6.6).

Incremento da promessa do produto

A embalagem pode ser usada para oferecer benefícios extras. Nos Estados Unidos, a Mentadent recorreu ao inovador tubo "de câmara dupla" a fim de combinar bicarbonato de sódio e peróxido numa pasta de dentes com ação branqueadora. Antes, esses dois ingredientes tinham de ser misturados por um dentista ou especialista, dada a possível reação química prejudicial caso o processo não fosse executado corretamente. Esse produto inovador ajudou a empresa controladora, Unilever, a dobrar em dois anos sua participação no mercado americano de dentifrícios, passando da quinta para a terceira posição.

Incremento do apelo do produto

A embalagem pode fazer grande diferença ao melhorar a aparência do produto na gôndola. As vendas do novo Liquitabs da Ariel foram um sucesso depois de o produto ser reembalado numa caixa plástica transparente. Ela permitia ver as pequenas pílulas coloridas de líquido verde e animava as pessoas a comprar. Um bônus adicional era que a caixa podia ser reutilizada na cozinha, como pote.

Estímulo à experimentação

A embalagem foi um fator decisivo que ajudou a marca Robinson a concorrer com êxito no mercado de bebidas infantis do Reino Unido. Muitos dos produtos à venda, como Ribena, eram apresentados em caixinhas de papelão e bebidos com canudinho. Isso provocava sujeira e desperdício. A primeira oferta da Robinson adotou no início a mesma embalagem genérica que não estava conseguindo atender às necessidades do consumidor. A empresa desenvolveu então uma garrafa muito atraente e arrojada para o seu novo produto Fruit Shoot, com tampa especialmente concebida para crianças e baseada nas das embalagens esportivas de água. Ela abria e fechava, tranqüilizando os pais preocupados com limpeza. Além disso, tornava a bebida bem mais simpática às crianças, pois, embora atendesse às suas necessidades específicas, lembrava graças à embalagem o código de consumo dos adultos. O produto também era diferenciado, feito com polpa de fruta vitaminada e mais saborosa. A embalagem diferenciada quadruplicou em dois anos a participação do produto no mercado infantil.

Consolidação da imagem da marca

A embalagem estrutural constitui, às vezes, uma maneira soberba de fazer o produto parecer inteiramente diferente, reforçando, assim, a desejada imagem da marca. A Nescafé tem usado a embalagem estrutural com enorme sucesso para reforçar a natureza especial e os valores de gosto de sua extensão Gold Blend. Isso constitui um fator-chave para diferenciá-la das marcas dos próprios varejistas. Como no caso da Gillette, a Nestlé não se contentou com uma única inovação de embalagem; produziu uma caixa quadrada de corte transversal, mas depois foi além, com outra de formato ainda mais característico nos últimos anos.

Localização, Localização, Localização

A distribuição é o último aspecto do cumprimento da promessa. Talvez menos fascinante que o produto e a embalagem, ela ainda assim tem a sua importância. "Atacar o mercado" pode representar uma arma incrivelmente poderosa na batalha da extensão da marca e garantir que você cumpra as promessas tornando o produto acessível aos consumidores.

A Coca-Cola é exemplo óbvio da força da distribuição. Muitos especialistas explicam que o êxito da empresa tem mais a ver com a cadeia de fornecedores do que com qualquer outro elemento de marketing. Por exemplo, a Fanta conseguiu lançar as extensões Fruit Twist e Icy Lemon em pequenos estabelecimentos, como lojas de conveniência, em que a Coke açambarcava o espaço no *freezer*. A concorrente Tango achou a tarefa um pouco mais difícil porque não tem a mesma força de distribuição nesse canal. Ao planejar o lançamento de uma extensão, assegure-se de que o elemento distribuição não esteja sendo descurado. Pergunte como a Coke agiria no seu lugar. Você pode garantir que o novo produto ou serviço esteja sempre "ao alcance" do consumidor? Haverá oportunidade de valer-se do prestígio de outros itens ou marcas?

Conclusões Principais

1. A execução é tão importante quanto a estratégia para o bom êxito de uma extensão; não cumprir promessas é a principal causa do fracasso.

2. Uma má execução pode também ter impacto negativo sobre outros produtos do leque.
3. Ao contrário, produtos excelentes não só aumentam as chances de sucesso como geram publicidade positiva para a marca.

Questionário 6: Cumprimento

	Sim	Não
• Você está certo de que poderá cumprir as promessas implícitas no conceito da extensão?	☐	☐
• Está trabalhando com afinco tanto na qualidade do produto e da embalagem quanto na estratégia da marca?	☐	☐
• Dispõe de pelo menos um ou dois aspectos suficientemente novos para suscitar comentários sobre a extensão?	☐	☐
• Elaborou uma estratégia de distribuição capaz de dar vantagem à sua extensão frente à concorrência?	☐	☐

 Passando Conhecimento

Demos já os cinco passos principais do programa de Alongamento da Marca elaborado para ajudar você a aumentar as chances de sucesso nesse empreendimento. Finalizaremos o livro examinando a importante questão da arquitetura da marca. Esse processo irá capacitá-lo a assegurar-se de que, enquanto sua marca se alonga, você consegue promover plataformas de extensão e, ao mesmo tempo, proteger o valor econômico total da marca-mãe. Semelhante estratégia é crucial para garantir a melhor aplicação dos recursos humanos e financeiros.

Sexto Passo: Arquitetura da Marca

CAPÍTULO 7

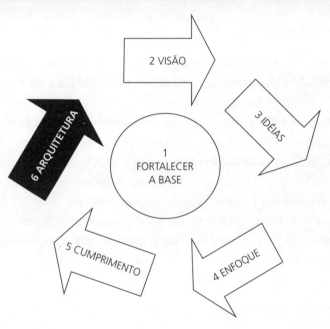

 Resumo

À medida que uma marca se alonga, aumenta o desafio de administrá-la e o risco de ela se dispersar em inúmeras direções. Mensagens demais confundem o consumidor e diluem a imagem da marca principal, além de baralhar as prioridades da companhia. O sistema organizador de "arquitetura da marca" ajuda a resolver esses problemas. Ele estrutura o leque de extensões para orientar o consumidor e promove a aplicação ideal dos recursos da empresa.

O Aprendiz de Feiticeiro

Se o leque de produtos de sua marca aumentar, você poderá encontrar-se na situação de Mickey em *Fantasia*, ao fazer o papel de Aprendiz de Feiticeiro. Ele multiplica uma vassoura por duas e depois por quatro, a fim de apressar a limpeza. Mas, sem o perceber, vê-se atrapalhado por uma multidão de vassouras, cada qual com vida própria. Multiplicar o leque de extensões pode trazer-lhe o mesmo problema.

Confusão da Empresa

Sem uma liderança firme, cada equipe de produto adaptará o posicionamento, a identidade e a comunicação da marca principal para maximizar o apelo de seu segmento. Se isso se multiplicar por muitas extensões, o risco da diluição da marca é notório. Ademais, as decisões de investimento tornam-se mais difíceis. Como alocar os recursos de marketing? Que equipes submeter aos melhores administradores? Onde inovar? Essa desordem acaba contaminando o resto do negócio, provocando incerteza e ineficiência. Uma das áreas críticas é o pessoal de vendas, que não raro fica sem saber onde concentrará seus esforços. A resposta corriqueira é: privilegie o novo e o diferente, pois isso parece mais fácil de vender do que os produtos-base que aí estão há anos.

Confusão do Consumidor

Na média, o comprador permanece trinta segundos diante da vitrine de uma dada categoria. Tornar a escolha dele mais complicada graças a um leque confuso de produtos significa que a marca corre o risco de perder a batalha pela atenção do público. Além disso, se os consumidores receberem mensagens confusas em excesso, o conceito da marca principal ficará comprometido.

Arquitetura para Marcas

Na construção de uma casa, a arquitetura dirige todo o processo desde os alicerces, passando pela disposição dos cômodos e chegando até a aparência exterior. A arquitetura desempenha idêntico papel no *branding*, com a única diferença de que aqui estamos organizando produtos e serviços num número administrável de plataformas (Figura 7.1). O objetivo da arquitetura das marcas pode ser assim resumido:

> Estruturar e organizar a oferta da marca para facilitar a escolha do consumidor e maximizar a eficiência da empresa.

Ajudar o consumidor

Os consumidores devem poder, com mais desenvoltura, *navegar pelo leque* e encontrar aquilo que desejam. Longe de se defrontarem com uma superabundância de produtos ou serviços, poderão vê-los dispostos lado a lado com base em benefícios similares. Não bastasse isso, a arquitetura garante que o *conceito da marca principal* seja comunicado com vigor e clareza, para que os consumidores saibam até onde se identificam com a marca.

Ajudar a Organização

O impacto mais visível da arquitetura da marca é no *nome* e na *identidade*. Aqui, o objetivo consiste em proteger e reforçar a identidade da marca prin-

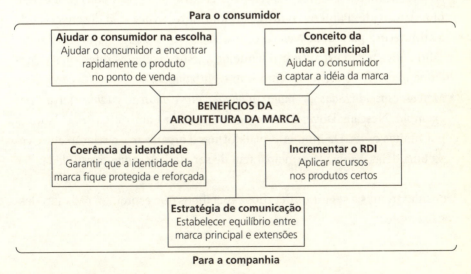

Figura 7.1: Benefícios da arquitetura da marca.

cipal (cores, logotipos, recursos visuais) e só modificar isso quando for realmente necessário. No entanto, a arquitetura deve também orientar:

• *A alocação de recursos*: garantir o melhor retorno sobre o investimento (RDI) de recursos humanos e financeiros.
• *A estratégia de comunicação*: garantir o perfeito equilíbrio entre a comunicação da marca principal e o conceito da extensão.

Teoricamente, é claro, esse processo deveria começar antes da extensão. Mas, na realidade, às vezes começa antes mesmo do trabalho de construção! Ainda assim, ele pode não apenas ajudar a organizar a oferta existente, mas também orientar a inovação e a extensão. Examinaremos agora os passos concretos para se desenhar uma arquitetura da marca, bem como as armadilhas que devem ser evitadas ao longo do caminho.

Casas versus Ruas

A abordagem da arquitetura variará em grande medida segundo o modo como a marca se alongou:

• *Marcas de produto e marcas especializadas estritamente definidas* (por exemplo, Ariel/Tide, Pantene, Budweiser, Marlboro): você está desenvolvendo a arquitetura para uma "casa" só. A oferta é de 'plataforma única' e o desafio consiste em estruturar o leque de versões (sabores diferentes e funcionalidade) e os formatos (produto e embalagem).
• *Marcas especializadas de maior alongamento e marcas guarda-chuva* (por exemplo, Nescafé, Dove, Colgate): a tarefa agora é abrir uma "rua" ladeada por muitas casas. Há inúmeras plataformas a organizar, e a relação entre cada uma delas e a marca principal tem de ser cuidadosamente estudada.

Consideraremos a seguir os desafios específicos que espreitam cada um desses exemplos:

Marcas de Plataforma Única

A Pantene limita-se ao conceito dos "cabelos tão saudáveis que brilham". A arquitetura, basicamente, cifra-se em desenvolver o leque ideal de versões/formatos, encontrar o "ponto fraco" do consumidor e manter a coerência da identidade da marca.

Versões com Valor Agregado

O papel das versões é oferecer funcionalidade e/ou sabores diferentes para atender às necessidades de diferentes consumidores ou diferentes ocasiões de uso. (No Capítulo 4, falamos a respeito do emprego de mapas de marketing para delinear oportunidades de novas versões.) É preciso cuidar para que as versões atendam às necessidades reais do consumidor e que esses benefícios sejam claramente comunicados. Além do mais, uma "história" de produto ou ingrediente específico pode ajudar a dar peso a cada uma dessas reivindicações (Tabela 7.1).

No caso de marcas de serviço, o leque das diferentes ofertas a organizar é sempre muito amplo. A cadeia de hotéis de luxo Intercontinental conseguiu isso ao reagrupar mais de cinqüenta ofertas de serviço diferentes em quatro áreas principais, comunicadas ao consumidor por meio de publicidade e no próprio estabelecimento. Os serviços prestam-se a demonstrar a idéia de que a Intercontinental realmente entende as necessidades dos homens de negócios num hotel, plasmada no *slogan* "Sabemos o que convém". Por exemplo, o serviço "24 horas" oferece a opção de uso da academia e da piscina a qualquer hora do dia ou da noite. "Num instante" inclui um controle de entrada super-rápido e a possibilidade de o hóspede ler o jornal do dia, não da véspera. Essa estrutura permite que os executivos em viagem recorram a serviços úteis para eles e firma o conceito geral da marca. Para a empresa, enseja quatro áreas nas quais ela pode concentrar a inovação e a comunicação interna.

Formatos Adequados

A segunda dimensão-chave diz respeito aos formatos dos produtos oferecidos. No caso da marca de sabão para lavar roupas Ariel/Tide, os formatos à dispo-

Tabela 7.1: Resumo das versões da Pantene.

Versões =>	Classic Care = Anchor	Smooth and Sleek	Sheer Volume	Radiant Colour
Ponto fraco = tipo/benefício do cabelo	Todos os tipos de cabelos: cabelos simplesmente limpos, de aparência saudável, brilhantes	Cabelos crespos e rebeldes: elimina a aspereza, o encrespamento e a rebeldia	Cabelos sem volume: 80% a mais de volume de manhã até a noite	Cabelos tingidos e tratados: preserva a cor
Verdade = história específica do produto	Fórmula Pro-V	Fórmula Smoothing Pro-V	Fórmula Pro-V + fortalecedores de estrutura	Fórmula Pro-V + higienizador suave, agentes protetores contra danos

Imagens reproduzidas com a permissão da Procter & Gamble.

Tabela 7.2: Resumo de formatos de uma marca de sabão para lavar roupas.

	"Caixas grandes" de pó	Tabletes	Líquidos
Ideal para qual finalidade	Formato tradicional para antigos consumidores avessos a novidades, permitindo controle de dosagem	Formato mais conveniente e moderno para pessoas atarefadas	Formato mais moderno para pessoas preocupadas com o cuidado da roupa e a estética do produto
Suporte de formato do produto	Simples, direto, comedido, grande	Compacto, fácil de dosar, transportar e guardar	Mais prazer no uso e dicas de cuidados: garrafa translúcida, cor água-marinha, perfume mais forte
Preço por lavagem	100	150	125

sição são "caixas grandes" de pó, tabletes e líquidos. É preciso esclarecer bem o benefício específico que cada um desses formatos propicia e que o torna adequado a tipos distintos de uso para públicos-alvos definidos (Tabela 7.2).

Ponto Fraco do Consumidor

Cumpre decidir se os formatos ou as versões é que atingirão o "ponto fraco" do consumidor. A Pantene, por exemplo, prefere versões, reflexo da crença de que os consumidores são fortemente influenciados pelo seu tipo de cabelo ao escolher um produto, seja este um shampoo, um condicionador ou um *spray* de cabelo. O *site* Pantene.com recorre a versões de tipos de cabelos para o usuário navegar e achar o produto certo. Não bastasse isso, a comunicação promoveu o lançamento de versões novas (Smooth & Sleek, Sheer Volume, etc.) em vez de meramente vender os benefícios específicos dos diferentes formatos (shampoo, condicionador ou creme para pentear). Essa abordagem ajuda a comunicar a proficiência da marca no cuidado dos cabelos, mostrando que ela entende as necessidades dos diferentes tipos.

Embora o ponto fraco principal seja detectado, é necessário flexibilidade para fazer frente às ameaças da concorrência e às tendências do mercado. Quando a marca Dove lançou um novo shampoo na Europa, a Pante-

160 ALONGANDO A MARCA

ne voltou a comunicar os benefícios específicos do formato do produto para defender sua posição.

Evite a Duplicação

A tendência das marcas é lançar múltiplas versões em formatos múltiplos, o que resulta em confusão e complexidade. Com apenas quatro extensões, de repente uma marca de produto único se vê às voltas com uma superabundância de nove itens (Figura 7.2). Mais cuidado com a matriz versão/formato pode simplificar a oferta, lançando-se apenas formatos apropriados a cada versão (Tabela 7.3). Por exemplo, a Pantene oferece o shampoo e o condicionador básicos em todas as versões, mas outros produtos mais especializados em versões selecionadas (por exemplo, *spray* para fortalecer raiz na versão Sheer Volume, que dá mais corpo e volume aos cabelos).

Os benefícios de 'reduzir' versões e formatos de uma marca podem ser substanciais, pois assim se esclarece o conceito tanto para os consumidores quanto para a companhia. Por exemplo, uma marca de cerveja da Europa oriental cortou pela metade o número de produtos de seu leque e ainda viu as vendas *crescer* em 50%. Além disso, a redução da complexidade economiza custos para a empresa. Um estudo mostrou que o custo *por item* da produção de um leque de monoproduto era de 25 a 45% menor do que o de um leque mais vasto.[1]

Coerência de Identidade

Para uma marca de plataforma única, a consistência da identidade da marca principal deve ser preservada, com o *design* sendo responsável por ajudar os consumidores a achar a versão certa para eles. Por exemplo, a marca Persil, no Reino Unido, estampa o consumidor-alvo em cada versão da embalagem, sem com isso deixar de respeitar os códigos da marca principal (logotipo, 'sun-burst' device). Isso facilita a procura, além de dar vida à personalidade jovial e otimista da marca (Figura 7.3). Lembre-se de que a aparência das coisas é tão importante quanto o nome. Os consumidores tendem a usar "taquigrafias" visuais para escolher uma marca ("Gosto da verde, não da azul"), em vez de captar as descrições exatas ("Comprei Persil Performance, não Non-Bio")

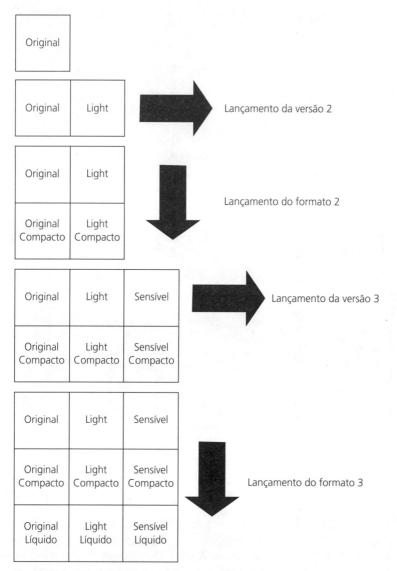

Figura 7.2: Quatro extensões = 9 x complexidade!

Marcas de Plataformas Múltiplas

O desafio, para a arquitetura, é maior quando diversas plataformas têm de ser administradas, porquanto são bem mais graves os riscos de fragmentação e diluição da marca principal. É-se tentado a travar discussões sobre nome e

Tabela 7.3: Resumo de versões e formatos da Pantene.
Embalagens da Pantene reproduzidas com a permissão da Procter & Gamble.

Versões = >	Classic Care = Anchor	Smooth and Sleek	Sheer Volume	Radiant Colour
Ponto fraco = tipo/benefício do cabelo	Todos os tipos de cabelos: simplesmente limpos, de aparência saudável, brilhantes	Crespos e rebeldes: elimina a aspereza, o encrespamento e a rebeldia	Falta de volume: 80% a mais de volume de manhã até à noite	Cabelos tingidos e tratados: preserva a cor
Verdade = história de produto específica	Fórmula Pro-V	Fórmula suavizante Pro-V	Fórmula Pro-V + fortalecedores de estrutura	Fórmula Pro-V + higienizador suave, agentes de proteção contra danos
Shampoo	Sim	Sim	Sim	Sim
Condicionador	Sim	Sim	Sim	Sim
Spray de cabelo	Sim	Sim	Sim	— (cabelos muito frágeis)
Gel para pentear	Sim	Sim	Sim: gel para levantar	— (cabelos muito frágeis)
Creme para pentear	Sim	Sim: controlador	Sim: para volume	— (cabelos muito frágeis)
Creme suavizante	—	Sim: ajuda a controlar cabelos rebeldes	—	—
Spray fortalecedor das raízes	—	—	Sim: para dar volume	—
Máscara umectante	—	—	—	Sim: para cuidados extras

Detalhe da versão | Formatos-padrão | Formatos especiais

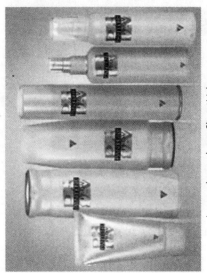
Leque de produtos Sheer Volume

Figura 7.3: Identidade consistente para marca de plataforma única.
Reproduzido com a permissão de Lever Fabergé.

identidade, coisa que não convém fazer. Cumpre delinear uma estratégia clara para dirigir essa e outras decisões, como alocação de investimento.

Primeiro Passo: Quantas Plataformas?

Como primeiro passo, precisamos desenvolver o número certo de plataformas nas quais produtos já existentes e futuros possam ser alojados. Isso pressupõe juntar itens que contemplam necessidades ou ocasiões de uso similares. Assim, os produtos de cada plataforma partilharão a mesma aparência, impressão, mensagem e *mix*. As equipes costumam exagerar no número de plataformas necessárias.

Por exemplo, a marca de chá Lipton, nos Estados Unidos, insistia em trabalhar com quatro plataformas diferentes: saquinhos, chá gelado, chá fervido e frio (estilo caseiro) e Lipton Breeze (refrigerante carbonatado). Dife-

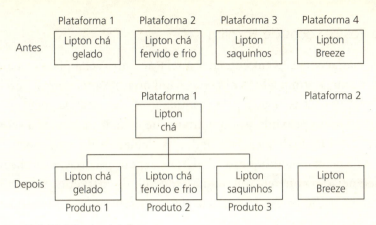

Figura 7.4: Divisão de plataformas.

rentes posicionamentos foram desenvolvidos para cada plataforma, animando cada equipe a elaborar o seu próprio *mix* de marketing, o que resultava em complexidade e custos desnecessários. Além disso, a identidade da marca principal foi diluída, pois cada plataforma tinha sua própria aparência e personalidade. Olhando mais de perto, havia um alto grau de consistência no *conteúdo* dessas plataformas, embora a linguagem variasse. Concordou-se em tratar o chá como uma plataforma única, composta por três produtos diferentes (Figura 7.4) que apresentavam identidade e comunicação comuns. A Breeze, ao contrário, era uma plataforma de submarca *separada*, que precisava alongar-se mais para concorrer efetivamente com refrigerantes como a Coke.

Reduzir o número de plataformas pode ajudar a melhorar o desempenho geral, como mostrado no exemplo da goma de mascar da Wrigley no Reino Unido. Até 2001, a marca investia em quatro plataformas diferentes, cada qual com seu próprio posicionamento, marca de compra e *mix*. O Wrigley's Extra (hálito fresco e segurança) e o Wrigley's Airwaves (desobstrutor de narinas) eram grandes plataformas que iam bem. Todavia, a despeito de considerável apoio de marketing, tanto o Wrigley's Orbit (cuidado bucal) quanto o Wrigley's Ice White (branqueador de dentes) eram modestos e estavam em decadência (Tabela 7.4). A solução, para o Orbit, foi "adotar" o produto branqueador, Ice White, criando assim uma plataforma única que englobava os benefícios de saúde e beleza. Isso permitiu que os fundos fossem aplicados numa grande idéia e não em duas pequenas.

Segundo Passo: Laços de Família

O próximo passo consiste em entender a relação entre cada plataforma de extensão e a marca principal. As diferenças importantes precisam ser esclarecidas, bem como a base lógica para as mudanças (um meio de chegar a isso será discutido no próximo passo, juntamente com as perguntas a serem feitas). Evite a tentação de mexer em todos os elementos do posicionamento da marca principal. Modifique, de preferência, poucas coisas, mas chegue a uma diferenciação concreta que reflita o desafio de marketing à vista. O grau de diferenciação orientará então as decisões sobre nome e identidade que examinaremos a seguir.

Terceiro Passo: Identidade

Com o número certo de plataformas à mão, e uma vez estabelecidas as relações entre elas e a marca principal, deve-se atentar para a manifestação visível da arquitetura da marca. A solução correta para o nome e a identidade depende do grau e do tipo de alongamento a partir da marca principal. Discutimos esse problema no Capítulo 5, ao considerar uma extensão isolada; agora examinaremos as implicações para o leque como um todo.

Tabela 7.4: Investimento em número excessivo de plataformas.

	1 Hálito fresco e segurança: Extra	2 Desobstrutor de narinas: Airwaves	3 Proteção dos dentes: Orbit	4 Branqueamento dos dentes: Ice White
Vendas no varejo (milhões de libras)	69	31	27	16
% de alteração nas vendas (até julho de 2001)	+16,5%	+29%	-3,4%	-14,7%
% de gastos com publicidade em 2000 (milhões de libras)	4,4	5,7	3,3	3,9
% de gastos/vendas	6%	18%	12%	24%

Combinados numa única plataforma de saúde e beleza

Casa vizinha

Quando o alongamento da plataforma é pequeno e, sobretudo, funcional, deve-se manter a coerência com a marca-mãe. Haverá, sem dúvida, um público-alvo, um benefício e uma verdade específicos de sustentação do produto. Os valores e a personalidade, contudo, permanecem os mesmos. A execução de identidade da marca entre plataformas tem de respeitar rigorosamente os códigos da marca principal. Essa abordagem pode ser notada no alongamento da Imperial Leather, de sabão para produtos de banho (Figura 7.5). Observe-se o uso de nomes descritivos (por exemplo, Bathtime, Shower Gel), bem como a hierarquia semelhante de informação e *design* gráfico.

Rua acima

Em outros casos, podem ser necessários mais alongamentos a partir da base para mobilizar o público-alvo. Isso pressupõe mudanças emocionais e não apenas funcionais, criando-se uma personalidade ligeiramente diferente. O sub-*branding* só deve ser usado quando for de fato necessário, porquanto exigirá um investimento de monta para a comunicação correta; não se iluda pensando que um nome fantasia e um novo logotipo bastarão. Tome cuidado também com submarcas administradas como se fossem "gente grande" por direito próprio, com pessoal e apoio de marketing exclusivos. Isso

Produto original (sabão)

Extensão plataforma 1 (Bathtime)

Extensão plataforma 2 (Shower Gel)

Figura 7.5: Preservação da coerência com a marca principal.
Reproduzido com a permissão de PZ Cussons (UK) Ltd.

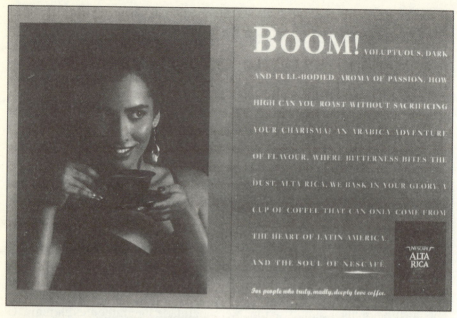

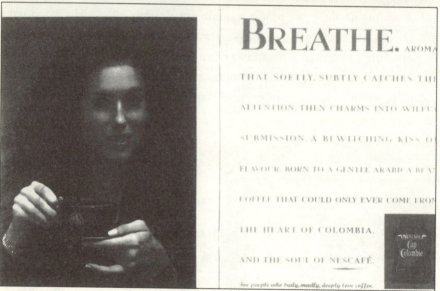

Figura 7.6: Duas plataformas separadas que parecem marcas novas.
Reproduzido com a permissão da Nestlé UK Ltd.

as arrasta muito mais para longe da marca principal do que é realmente necessário.

Durante certo tempo, nos anos 1990, foi isso o que pareceu acontecer com os cafés exóticos e caros da Nescafé. A publicidade da época mostra que tanto o Cap Colombie (mistura colombiana) quanto o Alta Rica (mistura arábica) receberam seu próprio apoio de marketing (Figura 7.6). Observe-se também, na embalagem, a hierarquia das marcas que parece apontar para uma marca nova (por exemplo, Alta Rica) com o endosso da Nestlé.

Uma arquitetura melhor foi depois desenvolvida para encaixar esses produtos numa plataforma única (Figura 7.7). As relações entre o produto-base, essa e outra plataforma importante, Gold Blend, estão resumidas na Tabela 7.5. Fica claro que os valores, o apelo e a percepção são consistentes com a marca principal. A plataforma tem um alvo ligeiramente diferente, alterando um pouco a promessa da marca, de "levantar" os ânimos. Esse elemento é amparado por uma verdade, personalidade e benefício específicos, além do formato da embalagem, da cor e do *design* distintos. Ainda assim, a plataforma continua a parecer um membro da mesma família, pois a hierarquia de nomes foi harmonizada para deixar claro que a marca de compra é Nescafé. A fim de levar essa mudança à sua conclusão final, um nome de leque poderia ser usado (por exemplo, "Cafés do Mundo") juntamente com nomes descritivos mais simples para cada versão (por exemplo, "Mistura colombiana" em vez de Cap Colombie).

Marca diferente?

Avisos de advertência começam a piscar quando uma plataforma de extensão difere tanto da marca principal que o único vínculo entre elas é o nome comum, não passando essa plataforma, em verdade, de uma marca nova disfarçada. Esse é o pior dos mundos possíveis, já que a extensão nem reforça a marca principal nem dispõe de liberdade completa para explorar plenamente o novo território. Nesse caso, uma opção é reconduzir a plataforma de extensão ao posicionamento da marca-mãe, ainda que isso impeça a extensão de aproveitar a nova oportunidade de mercado. Outra alternativa é isolar a extensão e administrá-la como marca diferente, talvez com um endosso discreto da marca original.

Tabela 7.5: Relação entre plataformas de extensão e a marca principal.

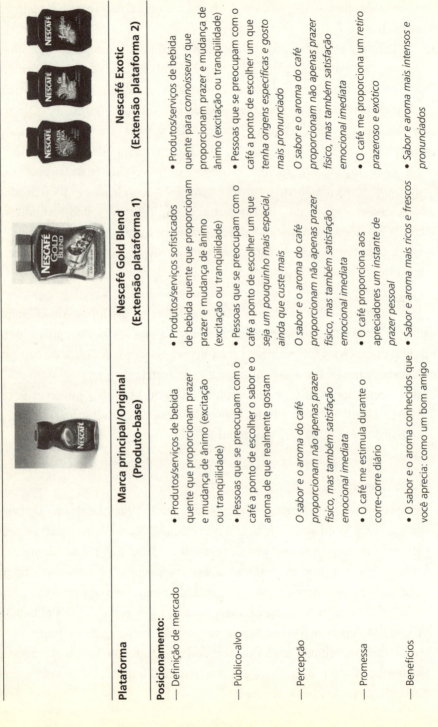

Plataforma	Marca principal/Original (Produto-base)	Nescafé Gold Blend (Extensão plataforma 1)	Nescafé Exotic (Extensão plataforma 2)
Posicionamento:			
— Definição de mercado	• Produtos/serviços de bebida quente que proporcionam prazer e mudança de ânimo (excitação ou tranqüilidade)	• Produtos/serviços sofisticados de bebida quente que proporcionam prazer e mudança de ânimo (excitação ou tranqüilidade)	• Produtos/serviços de bebida quente para *connoisseurs* que proporcionam prazer e mudança de ânimo (excitação ou tranqüilidade)
— Público-alvo	• Pessoas que se preocupam com o café a ponto de escolher o sabor e o aroma de que realmente gostam	• Pessoas que se preocupam com o café a ponto de escolher um que seja um pouquinho mais especial, ainda que custe mais	• Pessoas que se preocupam com o café a ponto de escolher um que tenha origens específicas e gosto mais pronunciado
— Percepção	*O sabor e o aroma do café proporcionam não apenas prazer físico, mas também satisfação emocional imediata*	*O sabor e o aroma do café proporcionam não apenas prazer físico, mas também satisfação emocional imediata*	*O sabor e o aroma do café proporcionam não apenas prazer físico, mas também satisfação emocional imediata*
— Promessa	• O café me estimula durante o corre-corre diário	• O café proporciona aos apreciadores um instante de prazer pessoal	• O café me proporciona um *retiro prazeroso e exótico*
— Benefícios	• O sabor e o aroma conhecidos que você aprecia: como um bom amigo	• *Sabor e aroma mais ricos e frescos*	• *Sabor e aroma mais intensos e pronunciados*

— Verdades	• Capacidade/experiência no ramo • Original = sabor favorito de café no Reino Unido	• Capacidade/experiência no ramo • *Granulado; vidro característico*	• Capacidade/experiência no ramo • *Vidro característico; origem autêntica e específica*
— Valores	• Gozar o momento; discernimento	• Gozar o momento; discernimento	• Gozar o momento; discernimento
— Personalidade	• Sempre comigo; bem-sucedida; popular	• *Exclusiva; romântica; exigente*	• *Exótica; misteriosa; profunda*
— Apelo	• VIDA CHEIA DE SABOR	• VIDA CHEIA DE SABOR	• VIDA CHEIA DE SABOR
Efeito da imagem:			
— Reforça	• –	• Satisfação/prazer pessoal	• Satisfação/prazer pessoal
— Acrescenta	• –	• Sofisticação, qualidade do café	• Exotismo, descoberta, autenticidade
— Subtrai	• –	• –	• Menos por dia
Alongamento			
— Funcional	• –	• Pequena	• Média
— Emocional	• –	• Média	• Média
Branding	• Descrição	• Submarca	• Submarca
Versões	• Normal, descafeinada	• Normal, descafeinada. *Black Gold (sabor forte)*	• Normal, *não-descafeinada*
Formato	• Vidro de tipo único, tamanhos grande/médio/pequeno	• Vidro de tipo único, tamanhos grande/médio/pequeno	• Vidro de tipo único, *apenas nos tamanhos médio/pequeno*

Por exemplo, a cerveja italiana Peroni tinha uma submarca mais cara chamada Peroni Nastro Azzuro, voltada para jovens urbanos. O posicionamento quase nada tinha a ver com o do produto principal, mais barato, mais tradicional e consumido por pessoas mais velhas. No fim, decidiu-se liberar a Nastro Azzuro e deixar que ela própria encontrasse seu lugar, sem a marca Peroni.

Quarto Passo: Leque de Produtos por Plataforma

Em cada plataforma, a oferta de versões e formatos precisa ser determinada, conforme discutido na seção sobre marcas de plataforma única. Exemplo disso é a plataforma Bathtime da Imperial Leather, mostrada na Tabela 7.6. Note que a marca, no caso, resolveu usar formatos e não versões para atingir o consumidor, com base na constatação de que as pessoas escolhem primeiro o formato do produto e só depois selecionam a fragrância que desejam.

Quinto Passo: Perguntas Milionárias

Vimos no Capítulo 5 que temos de ser rigorosos ao selecionar as extensões maiores a lançar, com base no potencial de construção da marca e negócio. A mesma disciplina é necessária para decidir que apoio daremos ao lançamento de diferentes plataformas. A tendência é espalhar ao acaso o dinhei-

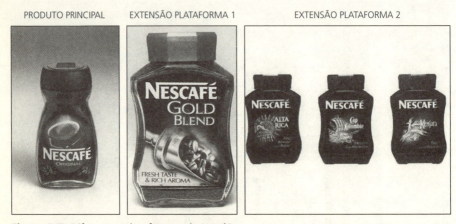

Figura 7.7: Diferentes plataformas da Nestlé.
Reproduzido com a permissão da Nestlé UK Ltd.

ro do marketing, o que provoca a fragmentação dos recursos humanos e financeiros. O exemplo seguinte mostra como a Nescafé deve ter administrado esse processo:
* *Fabricante de dinheiro = Original*: o vidro vermelho original de café talvez não equivalha a uma sexta parte da marca Nescafé, mas é de longe a maior, com vendas no varejo que chegaram a 300 milhões de dólares em 2001.[2] Por isso mereceu bom apoio de marketing, com 45 milhões de dólares reservados para o relançamento num vidro ainda mais característico e novas comunicações em 2002.

Tabela 7.6: Formatos e versões de uma plataforma de extensão.

MARCA PRINCIPAL IMPERIAL LEATHER		
Produto principal = sabão	Extensão plataforma 1 = bathtime	Extensão plataforma 3 = banho

	PLATAFORMA BATHTIME		
Formatos = >	**Bubble Melts**	**Double Bubble**	**Bubbleburst Scentsations**
Ponto fraco do consumidor = experiência de uso	Banho de espuma para cuidados da pele	Banho de espuma abundante e gostosa	Generosas bolhas suaves e perfume agradável
Verdade = história específica do produto	As bolhas líquidas contêm higienizadores suaves e umectantes concentrados	Dois líquidos que combinam: I) extrato de leite umectante e II) fragrância e higienizador suaves	Borrife na água do banho; o creme liberará bolhas e perfume embriagador

	Versões Double Bubble		
Versões =>	**Relaxamento**	**Tranqüilidade**	**Satisfação**
Benefício específico	Faz esquecer tudo e descontrai	Relaxamento zen	Refresca o corpo e a mente
História do ingrediente	Laranja e mel	Chá verde e abacate	Manga e pêssego

- *Herói = Gold Blend*: o mais poderoso veículo para comunicar a visão da marca da Nescafé e, também, um bom gerador de lucros. Alcança vendas de 150 milhões de dólares, embora bem mais caro que o Nescafé Original. Essa plataforma conta com a sua própria campanha e considerável apoio de marketing.
- *Produtos nicho = Exotic*: ajuda a reforçar as credenciais da marca e concorre com o café moído, mas vende menos. Vimos antes que se gastou dinheiro demais com o Cap Colombie e o Alta Rica, em relação ao tamanho deles. Os fundos, porém, foram reduzidos e os produtos conseguem sobreviver graças sobretudo à "aura" do resto de apoio da marca.
- *Dreno = Quente Quando Você Quiser*: vimos no Capítulo 6 que esse produto se saiu mal tanto em termos de negócio quanto de construção de visão da marca porque ele não conseguia aquecer-se devidamente. A decisão foi acabar com o produto e voltar à prancheta.

Sexto Passo: Enfoque no Futuro

A arquitetura da marca deve não apenas ajudar você a pôr a casa atual em ordem, mas inspirar e orientar o desenvolvimento de novas extensões. Veremos agora um exemplo disso na história do rejuvenescimento da marca Lego.

Lego: Construção de um Futuro Novo

A marca de brinquedos Lego estava em apuros no ano 2000, com perdas de 130 milhões a refletir um colapso nas vendas. Um dos fatores-chave que explicam o problema da marca foi a falta de definição em sua arquitetura. A Lego se estendera em numerosas direções, sem nenhuma estrutura clara que explicasse a lógica de tais movimentos. Por exemplo, Duplo tinha como público-alvo garotos, Lego Scala tentava aumentar o apelo junto a garotas, e produtos com personagens como Harry Potter começavam a aparecer (ver Figura 7.8). Para piorar as coisas, a companhia empreendeu uma egocentrização e procurou transformar-se em grife, lançando linhas de confecções, acessórios e relógios. Como observou um articulista: "A administração está diluindo a marca com tantas extensões. Isso confunde crianças e pais, muitos dos quais cresceram com a Lego."[3] Essa confusão toda também pertur-

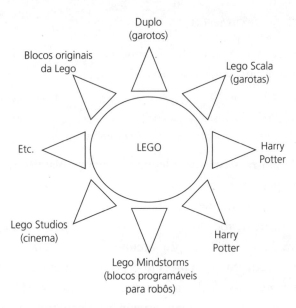

Figura 7.8: Rumos em excesso – Lego em 2000.

bou a empresa, cujos funcionários já não sabiam mais qual era o objetivo e o rumo do negócio.

Retorno às Raízes

O primeiro passo para pôr de novo a marca na linha foi remontar às raízes da Lego e esclarecer tanto os valores quanto as promessas da marca. O trabalho enfatizou a promessa de "Estimular a auto-expressão capacitando crianças de todas as idades a dar vida a idéias em profusão". Detalhe importante, isso fez a equipe concentrar-se de novo no que era motivador e diferente na Lego: o fato de as crianças fazerem coisas por conta própria e serem capazes de chegar a infinitos resultados. A nova visão foi consubstanciada no apelo "Brinquem", que funcionou bem como mensagem ao consumidor, mas igualmente como uma convocação à ação para o pessoal da empresa. Além disso, ela reassumiu de vez a herança da marca: o nome Lego é a contração de uma frase dinamarquesa que significa "brinque bem".

Novas Portas para a Marca

O próximo passo para a marca foi resumido muito bem por Francesco Ciccolella, vice-presidente sênior de *branding* global:

> Era necessário, de algum modo, colocar a casa em ordem. Sabíamos que existiam alguns desafios sérios a encarar – a expressão da marca não era coerente o bastante e a arquitetura se complicara demais.[4]

A solução foi reestruturar o leque em quatro plataformas ou portais, como a marca lhes chama (Tabela 7.7). Cada uma das plataformas baseava-se num tipo diferente de jogo interativo, que ajudava os pais a encontrar com mais facilidade o produto certo para as necessidades e interesses dos filhos. Por exemplo, o Lego Next proporciona uma forma de construção mais intrigante e avançada do que a mera justaposição de blocos. O Lego Mindstorms é um dos produtos de destaque nessa plataforma: ele permite às crianças construir robôs, mas também programá-los à vontade. Ancorar cada plataforma numa idéia clara de desempenho ajudou igualmente a reforçar a comunicação da promessa da marca.

Além disso, a nova arquitetura aumentou a eficiência empresarial. Disciplinou-se a administração de produtos que não se encaixassem em nenhum dos quatro portais. O *branding* da Lego, nessas extensões, foi reduzido a um endosso discreto e só será modificado caso a oferta venha a ser

Tabela 7.7: Nova arquitetura da Lego.

Plataforma =>	Lego Explore	Lego Stories and Action	Lego Make and Create	Lego Next
Tipo de produto	Blocos Lego de cores e formas diferentes para ajudar as crianças a aprender e crescer se divertindo	Construção com ênfase na criação de diferentes universos de personagens	Construção mais instigante e complexa, com flexibilidade máxima de resultados	Kits de criação programáveis, de alta tecnologia
Faixa etária do produto-base	0-5	4-8	7-10	10+
Exemplos de versões	Explore being me Explore together Explore Logic	Harry Potter Bionicles Star Wars	Lego Technic Construction designer kits	Lego Mindstorms robots Lego Spybotics

redesenhada para atender melhor à promessa da marca. Além disso, os esforços de inovação em novas extensões só são financiados quando realmente ajudam a reforçar um dos portais.

De Novo na Linha

Parece que a marca voltou mesmo à linha para crescer, com o ano de 2001 prometendo um lucro de 70 milhões de dólares e um incremento de renda de 14% no importantíssimo mercado norte-americano. Um passo capital que deverá ajudar a nova estratégia a ter impacto positivo nos negócios é o sério investimento para explicar a nova promessa e arquitetura ao pessoal da empresa, por meio da Lego Brand School, freqüentada por mais de mil funcionários. Como já vimos, a arquitetura não diz respeito apenas à identidade da marca, ocupa-se também em esclarecer onde devem concentrar-se o investimento da marca e os esforços de inovação.

> **Resumo da Lego**
>
> 1. Uma arquitetura maldefinida gera confusão para os consumidores e a companhia.
> 2. Plataformas de extensão tornam bem mais fácil encontrar o produto certo no ponto de venda.
> 3. Bem-feita, a arquitetura também pode ajudar a transmitir o conceito da marca.

Com uma idéia clara das plataformas da marca, a tarefa mais importante é descobrir como comunicá-la ao consumidor por meio de propaganda e de outros veículos.

Queimando os Pneus

Equilibrar as necessidades conflitantes de comunicar mensagens de produtos específicos e construir uma marca geral é a autêntica dor de cabeça da qual sofrem muitas das grandes companhias. Para escolher a abordagem correta, você precisa estabelecer com clareza os seus objetivos. As cinco estratégias principais que examinaremos vão desde a que se concentra mais na marca principal até a que se concentra mais no produto (Figura 7.9): episódio de campanha da marca, espinha dorsal da marca, patrimônio da marca, sentimento familiar e isolamento (Figura 7.10). Como em tudo no marketing, não há aqui solução "certa" ou "errada", somente aquela que você considera melhor para sua situação em particular.

Primeira Opção: Episódios da Campanha da Marca (Dove)

Essa abordagem funciona bem para marcas de plataforma única ou marcas de plataformas múltiplas muito próximas. Uma única idéia e execução de campanha para a marca principal são usadas a fim de apoiar cada extensão promovida. Por exemplo, a Dove recorre à mulheres comuns que partilham suas experiências e informam como ficaram agradavelmente surpresas ante

Figura 7.9: Processo de equilíbrio da marca.

Figura 7.10: Estratégias de comunicação.

o desempenho da marca. As maiores vantagens dessa opção são a economia no processo de criação e execução, além da consistência na mensagem da marca principal. O desafio consiste em elaborar a mensagem para o produto específico, uma vez que a idéia da campanha da marca principal é dominante. Também não é fácil adaptar a personalidade e o tom de voz para os diferentes alvos.

Segunda Opção: Espinha Dorsal da Marca (Axe/Lynx)

Essa abordagem é ideal para equipes que se dedicam a construir uma marca principal e um produto-base fortes, mas que também precisam lançar um fluxo contínuo de inovações. Ela tem sido usada com sucesso pelo *spray* para o corpo Axe/Lynx, destinado a jovens do sexo masculino: no Reino Unido, ele conquistou uma fatia de 37% no universo de desodorantes para homens, com uma penetração de 80% entre rapazes de 15-19 anos.[5] Uma campanha vivaz e bem-humorada exalta o "efeito Lynx" que ajuda a pessoa a cheirar bem, sentir-se confiante e, assim, conquistar a garota. Essa campanha de espinha dorsal da marca fortalece e consolida o posicionamento da marca principal, mas conquista também vendas para o leque do produto-base. Detalhe importante, não é o "hino da marca" que promove uma filosofia sem nenhum vínculo direto com o produto.

Suporte adicional é usado para promover o lançamento de novas extensões. Isso se impõe para manter a marca viva e atraente aos olhos de um público-alvo inconstante, com a idéia de que cada geração presente ter o seu próprio Lynx, do mesmo modo que teria sua canção favorita de Madonna. Essas extensões são desenvolvidas e lançadas à semelhança de um perfume fino. A equipe se vale de sua compreensão dos códigos e sugestões da cultura contemporânea para desenvolver um nome, um conceito e uma fragrância. Por exemplo, o lançamento de Phoenix ocorreu imediatamente depois da queda do Muro de Berlim, aproveitando o novo otimismo sem fazer referência direta ao tema. Cada nova extensão é também administrada como um acontecimento a fim de gerar valor de novidade e excitação. A Voodoo foi um dos lançamentos mais bem-sucedidos, fazendo furor em festivais, eventos de dança e concertos.

Terceira Opção: Patrimônio da Marca (Walkers)

Essa abordagem é uma das mais populares em se tratando de marcas alongadas, pois promove o equilíbrio entre a construção da marca principal e o apoio às plataformas de extensão. Ela recorre a um item do patrimônio da marca, como uma celebridade ou personagem, para dar consistência e vigor à personalidade da marca. A marca Walkers de batatas fritas (Lay's, nos Estados Unidos) veiculou uma campanha estrelada pelo ex-capitão da seleção inglesa de futebol, Gary Linneker, durante vários anos – num total de 37 execuções até hoje! A campanha se baseia na idéia de que os produtos são tão irresistíveis que você fará qualquer coisa para tê-los. A primeira execução, intitulada "No more Mr Nice Guy", mostrava Gary, famoso pelo cavalheirismo, surrupiando um pacote de Walkers de um jovem fã. No curso dos anos, a campanha foi usada para promover uma série de extensões do leque, inclusive a versão com baixo teor de gordura, Salt & Shake e Sensations. Outro bom exemplo dessa abordagem é o uso de Jamie Oliver pela Sainsbury, o grande varejista do Reino Unido. Aqui, a assinatura comum: "Dando mais sabor à vida", ajuda a comunicar uma promessa consistente da marca principal.

O desafio, sobretudo quando a campanha se consolida, é encontrar um caminho para a extensão. Há o risco de os consumidores notarem a marca, mas não conseguirem lembrar-se de qual produto está sendo anunciado. O supermercado Tesco, do Reino Unido, preferiu uma campanha à parte para a sua oferta de financiamento pessoal, depois de, inicialmente, promovê-la juntamente com a conhecida campanha "Os detalhes ajudam", estrelada por Prunella Scales no papel de Dotty.

Quarta Opção: Sentimento Familiar (BMW)

Essa estratégia começa a empurrar o peso da comunicação muito mais para a plataforma de extensão. Ela funciona bem quando a marca dispõe de um fluxo de inovações do produto a lançar e deseja atribuir a cada plataforma uma personalidade mais distinta. O sentimento familiar é preservado, sobretudo, graças a recursos de execução como logotipos, *slogans* e tom de voz.

A BMW constitui bom exemplo de marca que usa essa abordagem. A comunicação de cada linha de carro novo tem sua própria mensagem e campanha de produto. Ao mesmo tempo, fica quase sempre claro que você está vendo uma comunicação da BMW e não de outra marca de automóveis qualquer. Algumas das peculiaridades da marca que ajudam a criar um sentimento familiar são estas:

- *Slogan*: todo carro BMW é promovido como "a mais avançada máquina de dirigir" em sua categoria. Esse *slogan* capta a promessa da marca de um modo extremamente vigoroso e memorável.
- *Estilo e tom*: a BMW produz comerciais diferentes para cada nova extensão. No entanto, há na comunicação da marca um estilo e um tom consistentes que lembram de perto a BMW. A comunicação é propositalmente minimalista, com ênfase no desempenho do produto, e possui alta qualidade de direção de arte e fotografia.
- *Execução de identidade*: marcas fortes têm uma maneira consistente de executar sua identidade visual, integrada por logotipos e outros recursos visuais. Por exemplo, o logo e a assinatura da BMW aparecem sempre no mesmo lugar em todos os anúncios.

Quinta Opção: Isolamento (Levi's)

No final do espectro do suporte está a abordagem do isolamento, onde a plataforma de extensões desempenha um papel de destaque. A mensagem se volta para aquilo que especifica o novo produto ou serviço, com cada peça de comunicação assumindo tom, estilo e personalidade diferentes. Essa abordagem é mais apropriada para plataformas de submarcas em que a extensão a partir do produto-base é tanto funcional quanto emocional. No entanto, ela deve ser realmente usada como derradeiro recurso, pois o custo é alto para a produção comercial e a veiculação. Assim, muitos dos benefícios da extensão se perdem.

A Levi's usa a comunicação isolada para suas linhas de submarcas. O lançamento bem-sucedido dos jeans ergonômicos Levi's Engineered foi parte importante da tentativa de reverter o declínio pelo qual a marca passou de meados ao fim dos anos 1990. Esse produto precisava enfatizar o perfil novo e avançado da Levi's para reconquistar os jovens, que influenciam as tendências de moda. A publicidade inicial mostrava jovens exibindo partes do corpo que eram também flexíveis e, com isso, chegou aonde queria. A marca procura aproveitar esse sucesso com outra submarca nova chamada Type A, lançada igualmente por meio de uma campanha isolada com a idéia "geração novinha em folha".

Para encerrar o livro, examinaremos agora a história do crescimento da marca Comfort a fim de reunir as idéias deste e dos capítulos anteriores.

Comfort: Esboço de Reviravolta

No início da década de 1990, o amaciante de roupas Comfort (Snuggle, nos Estados Unidos) gozava de boa saúde, embora as vendas permanecessem estáveis. A imagem do produto-base azul era forte, mas o leque da marca carecia de diferenciação frente à concorrência (Lenor) e dispunha de várias versões simples com fragrâncias básicas (por exemplo, Spring Fresh). Um novo posicionamento e uma nova arquitetura ajudaram a relançar a marca e a acelerar o crescimento. Em 2004, calcula-se que ela dobrou de tamanho.

Uma Nova Promessa

Os membros da equipe começaram por aplicar os princípios da visão da marca. Eles redefiniram o mercado em termos não apenas de amaciar roupas, mas também de usá-las, lavá-las, secá-las, passá-las e guardá-las. Uma excelente idéia ocorreu durante esse processo: as roupas são como as pessoas no sentido de que cuidar bem delas faz com que elas pareçam, se sintam e cheirem melhor. Essa descoberta conduziu à promessa da marca consubstanciada na frase "cuidados pessoais com as roupas", ainda ligado ao benefício de cuidar das roupas, mas que enfatizava mais o prazer pessoal no processo (a Figura 7.11 traz a minha opinião sobre o posicionamento). A idéia era aproveitar alguns códigos de saúde e beleza para desenvolver um *mix* mais motivador e diferente da marca, além de um apelo mais emocional que o da Lenor.

Das Promessas às Plataformas

Três plataformas principais de extensão foram desenvolvidas e outras inovações lançadas a coberto de cada plataforma para renová-las e reforçá-las

(Figura 7.12). Em todos os casos, o alongamento era principalmente funcional, de sorte que se preservou a coerência com a marca-base e se adotaram nomes descritivos.

Cuidado hedonista

Essa plataforma foi criada usando-se a categoria de fragrância fina como fonte de inspiração. Apoiou-se na tese de que o cheiro agradável de um amaciante de roupas era uma boa razão para a compra. A marca se afastou corajosamente da versão convencional, enfadonha. Trabalhando com perfumistas, a equipe identificou as tendências em curso e desenvolveu novas variantes com base nelas. O primeiro lançamento foi o Mandarin and Green Tea. Além do nome característico, usou-se a cor para dar vida ao conceito e gerar impacto na gôndola. Essa plataforma de produto atraiu novos usuários para a marca Comfort e também firmou o posicionamento da idéia "cuidados pessoais com as roupas". O posicionamento dessa plataforma evocava o aspecto prazeroso da marca principal, sublinhando o lado vibrante e divertido da personalidade da Comfort. Observe-se que a percepção, a promessa, os valores e a essência da base permanecem os mesmos. Lançamentos posteriores incluíram Passion Flower & Ylang Ylang, Lily & Riceflower. Detalhe importante, quando novas extensões foram acrescentadas, a mais fraca do leque existente saiu de linha para evitar complexidade.

Cuidado funcional

Um exame mais abrangente do processo de cuidados com as roupas mostrou que uma das tarefas mais chatas no trato dessas peças era passá-las. Desenvolveu-se, então, o produto chamado Easy Iron, que amacia as roupas durante a lavagem, e também as torna mais fáceis de passar depois. Há pouco, a marca lançou um segundo produto sob essa plataforma, o Comfort Forme, que preserva melhor a forma das roupas. Nessa plataforma, os aspectos convenientes da marca são enfatizados. E, de novo, os elementos centrais do posicionamento da marca principal permanecem os mesmos.

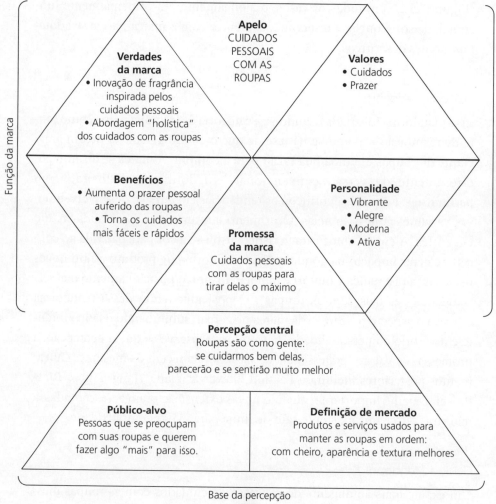

Figura 7.11: Visão da marca principal da Comfort (segundo o autor).

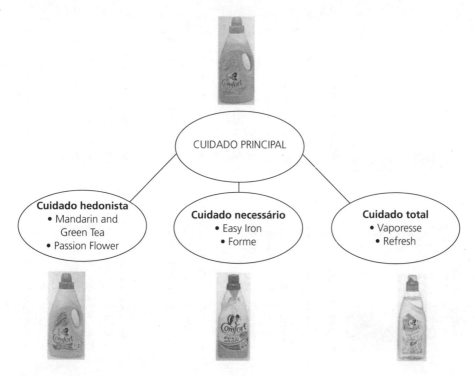

Figura 7.12: Arquitetura da marca da Comfort.
Reproduzido com a permissão da Lever Fabergé.

Cuidado total

A partir do mesmo trabalho com o ciclo lavagem-uso, a equipe lobrigou a oportunidade de alongar a marca para além da lavadora. O Comfort Vaporesse era uma água de passar perfumada que facilitava a tarefa e ainda dava às roupas um cheiro melhor. O grande benefício dessa extensão foi que ela era 100% um negócio à parte, sem nenhuma canibalização de produtos existentes. Incrementou em quase 10% o negócio total da marca. Tem ainda a vantagem, em termos de arquitetura, de apoiar-se num hábito firmado e corriqueiro (Tabela 7.8).

Das Plataformas à Promoção

A Comfort precisava promover uma série de inovações em cada plataforma, preservando, todavia, a grande idéia da marca principal, de cuidados pes-

Tabela 7.8: Relação entre plataformas de extensão e marca principal (segundo o autor).

Plataforma	Marca principal/ produto-base	Cuidado hedonista	Cuidado funcional
Posicionamento			
— Definição de mercado	• Produtos/serviços usados para manter as roupas cheirosas, com a melhor textura e aparência	• Produtos/serviços usados para manter as roupas cheirosas, com a melhor textura e aparência	• Produtos/serviços usados *convenientemente* para manter as roupas cheirosas, com a melhor textura e aparência
— Alvo	• Pessoas que gostam de cuidar das roupas e querem fazer "algo mais" pela família nessa área	• Pessoas que gostam de cuidar das roupas e querem fazer "algo mais" *por si mesmas* nessa área	• Pessoas que gostam de cuidar das roupas e querem fazer "algo mais" nessa área, mas *estão sempre muito ocupadas*
— Percepção	• *As roupas são como gente: se cuidarmos bem delas, vão ter aparência e textura melhores, dando-nos mais prazer*	• *As roupas são como gente: se cuidarmos bem delas, vão ter aparência e textura melhores, dando-nos mais prazer*	• *Roupas são como gente: se cuidarmos bem delas, vão ter aparência e textura melhores, dando-nos mais prazer*
— Promessa	• Cuidados pessoais com as roupas para tirar delas o máximo	• Cuidados pessoais com as roupas para tirar delas o máximo	• Cuidados pessoais com as roupas para tirar delas o máximo

— Benefícios	• Aumenta o prazer pessoal proporcionado pelas roupas • Torna os cuidados mais fáceis e rápidos	• Aumenta o prazer pessoal proporcionado pelas roupas • *Torna os cuidados mais fáceis e rápidos*	• Aumenta o prazer pessoal proporcionado pelas roupas • *Torna os cuidados mais fáceis e rápidos*
— Verdades	• Inovação inspirada no mundo dos cuidados de saúde e beleza; abordagem "holística" dos cuidados com as roupas	• *Inovação inspirada no mundo dos cuidados de saúde e beleza;* abordagem "holística" dos cuidados com as roupas	• Inovação inspirada no mundo dos cuidados de saúde e beleza; *abordagem "holística" dos cuidados com as roupas*
— Valores	• Cuidados; prazer	• Cuidados; prazer	• Cuidados; prazer
— Personalidade	• Vibrante; alegre; ativa	• Vibrante; alegre; ativa	• Vibrante; alegre; *ativa*
— Apelo	• CUIDADOS PESSOAIS COM AS ROUPAS	• CUIDADOS PESSOAIS COM AS ROUPAS	• CUIDADOS PESSOAIS COM AS ROUPAS
Efeito de imagem:			
— Reforça	• –	• Emoção nos cuidados com as roupas	• Funcionalidade nos cuidados com as roupas
— Acrescenta	• –	• Evoca fragrância/prazer pessoal	• Evoca conveniência
— Subtrai	• –	• Alude menos ao amor da família	• Possível perda de emoção, aspiração
Extensão			
— Funcional	• –	• Pequena	• Pequena
— Emocional	• –	• Pequena	• Pequena
Branding	• Descrição	• Produtos com descrição	• Produtos com descrição
Versões	• Original azul, pura	• Passion Flower & Ylang Ylang, Lily & Riceflower	• Easy Iron, Forme
Formato	• Normal/grande, concentrado/pequeno	• Normal/grande, concentrado/pequeno	• Concentrado/pequeno

> **Resumo da Comfort**
>
> 1. Desenvolva uma definição ampla de mercado.
> 2. Use isso para chegar a uma grande idéia de marca principal.
> 3. Construa plataformas das quais inúmeros produtos possam ser lançados.

soais com as roupas. Isso levou ao uso do patrimônio da marca a que já nos referimos, fato que equilibrou bem as duas necessidades. A promessa da marca principal foi veiculada na publicidade por Darren e Lisa, as bonecas de pano que usavam os produtos em si mesmas como hidratante! Essa comunicação era realmente ousada em relação aos códigos de categoria das famílias felizes, crianças sorridentes e pilhas de roupa lavada. E era também suficientemente flexível para transmitir mensagens em nome das plataformas de cuidados funcionais e hedonistas (Figura 7.13). Essas duas plataformas foram usadas para desferir um golpe "de esquerda-direita", concentrando-se em duas partes complementares da proposta da marca.

A Comfort é hoje uma marca forte e saudável, com crescimento de 10% durante anos a fio. O produto-base azul está ainda no coração da marca, representando cerca de um terço das vendas de amaciantes de roupas. As pla-

Cuidado hedonístico   Cuidado funcional

Figura 7.13: Plataformas Comfort criadas por meio de campanha baseada no patrimônio da marca.
Reproduzido com a permissão da Lever Fabergé. Foto publicitária de Fine Fragrance de Ray Massey – representado por Horton-Stephens.

taformas hedonista e funcional equivalem, cada uma, a outro terço. A mesma estratégia e o mesmo *mix* correram a Europa, mas com nomes de marca locais (por exemplo, Cajoline na França, Robijn na Holanda).

Vamos Recomeçar

A história da Comfort pode, felizmente, unir os principais blocos de construção do processo de Alongamento da Marca. Só para lembrar, as questões-chave a que tentamos responder, bem como as soluções aventadas, estão resumidas de novo na Tabela 7.9.

 Conclusões Principais

1. A arquitetura da marca ajuda a estruturar e organizar o leque de produtos a fim de aumentar a eficiência da companhia e facilitar a escolha do consumidor.

Tabela 7.9: Recapitulação dos problemas e soluções da egocentrização da marca.

Tarefa	Problema	Solução
1. Fortalecer a base	Negligenciar marca-base/leque de produtos	Proteger e incrementar a base
2. Visão	Esquecer o que de início nos fez famosos	Visão clara para garantir que as extensões tenham valor agregado
3. Idéias	As extensões são determinadas pela empresa, não pelo mercado	Use o mercado e a percepção do consumidor para catalisar idéias
4. Enfoque	Extensões numerosas equivalem a extensões anãs	Idéias mais ambiciosas e em menor número que consolidam a marca e o negócio
5. Cumprimento	A execução não consegue cumprir o prometido	A excelência na execução é fonte capital de diferenciação
6. Arquitetura da marca	Complicar o leque tanto para o consumidor quanto para a companhia	Estrutura que facilita a escolha do consumidor e melhora a eficiência da empresa

2. As plataformas devem agrupar produtos, estimular inovação e determinar de que maneira cada uma ajuda a consolidar a visão da marca principal.
3. Sempre que possível, a consistência estratégica e operacional com a marca-mãe deve ser mantida, fazendo-se mudanças só quando o alcance do alongamento é considerável.

Questionário 7: Arquitetura da Marca

          Sim   Não

- Você dispõe de uma série de plataformas de extensão, cada qual ancorada num público-alvo, necessidade ou ocasião? ☐ ☐
- Essas plataformas ajudam a cumprir a promessa da marca principal em vez de contar meramente sua própria história? ☐ ☐
- A arquitetura da marca está conseguindo equilibrar os recursos humanos e financeiros, não apenas o valor econômico da marca? ☐ ☐
- Você examinou com cuidado as opções de estratégia de comunicação e adotou aquela que melhor convém aos objetivos da marca e do negócio? ☐ ☐

 Passando Conhecimento

Chegamos ao fim do exercício de Alongamento da Marca. Espero que você tenha captado alguns indicadores práticos que o ajudarão a aumentar suas chances de sucesso, transformando seu projeto num dos poucos que conseguem sobreviver e prosperar! Por favor, partilhe comigo histórias de êxito *e* fracasso, bem como suas opiniões, pois há ainda muito o que aprender na área do alongamento da marca.

(Faça contato pelo *site* david@thebrandgym.com)

Truques e Dicas sobre Posicionamento da Marca-Mãe

APÊNDICE 1

Apêndice 1: Truques e dicas sobre posicionamento

		Inspira e Orienta	Truques e Dicas	Maus exemplos	Bons exemplos
Base de percepção	Definição de mercado	Visão abrangente da competição real, oportunidades de alongar	Quem ganha quando perdemos? Use os benefícios, não apenas a linguagem do produto	Videotapes (Blockbuster)	Entretenimento doméstico rentável (Blockbuster)
	Alvo do posicionamento	Empatia com o consumidor principal, compreensão da sua vida	Captar atitudes, valores, colorido	Mulheres AB com 25-45 anos (Knorr)	Gourmets que apreciam boa comida, mas têm pouco tempo (Knorr)
	Percepção central	Abra as portas para a oportunidade de melhorar o cotidiano	Descreva uma verdade humana e como isso abre uma porta para a marca; acrescente colorido e emoção	Os pais se preocupam com assaduras (Pampers, no começo)	Bebês de pele saudável são mais felizes e, por isso, mais aptos a brincar, aprender e desenvolver-se (Pampers, depois)
	Verdades da marca (1-2)	Desenvolvimento de atributos e características de produto	Seja específico e franco	Bom serviço (Blockbuster)	Promessa da Blockbuster: "Pegue o filme que você quer ou alugue-o de graça da próxima vez"
Função da marca	Benefícios (1-2)	Desenvolvimento de produto, ênfase na comunicação	Razões específicas para comprar, não para acreditar	Pro-vitamin B5; não resseca os cabelos (Pantene)	Cabelos tão saudáveis que brilham (Pantene)
Lado humano	Valores (1-2)	Subsídios para campanha, comportamento da marca junto aos consumidores	Torne-os provocativos e envolventes	Qualidade; equipe de trabalho (Prêt à Manger)	Pense alto; um por todos e todos por um (Prêt à Manger)
	Personalidade (2-3)	Tom, sensibilidade e estilo de comunicação da equipe de primeira linha	Prefira cores, não insipidez	Confiável; honesta; amistosa (Clearasil)	Sólida como uma rocha; direta como uma flecha; boa amiga (Clearasil)

Apêndice 1: (*continuação*)

Apelos					
Promessa (15-20 palavras)	Idéia principal para comunicação e inovação	Concentrada no que é e por que é melhor; insufle colorido, emoção e ousadia	Férias curtas com oferta da melhor combinação de atividades para toda a família (DLP)	Lugar mágico onde todos podem viver as aventuras sonhadas (DLP)
Apelo/ essência (2-4 palavras)	Resumo que inspira e mobiliza a equipe	Capte a emoção, não apenas a funcionalidade; fomente o crescimento futuro	O melhor barbear (Gillette); atração masculina (Axe)	Desempenho perfeito (Gillette); mais poder (Axe)

Exemplo de Ferramenta de Posicionamento da Marca-Mãe

APÊNDICE 2

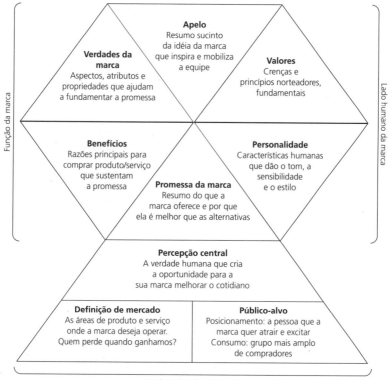

Função da marca

Apelo
Resumo sucinto da idéia da marca que inspira e mobiliza a equipe

Verdades da marca
Aspectos, atributos e propriedades que ajudam a fundamentar a promessa

Valores
Crenças e princípios norteadores, fundamentais

Lado humano da marca

Benefícios
Razões principais para comprar produto/serviço que sustentam a promessa

Promessa da marca
Resumo do que a marca oferece e por que ela é melhor que as alternativas

Personalidade
Características humanas que dão o tom, a sensibilidade e o estilo

Percepção central
A verdade humana que cria a oportunidade para a sua marca melhorar o cotidiano

Definição de mercado
As áreas de produto e serviço onde a marca deseja operar. Quem perde quando ganhamos?

Público-alvo
Posicionamento: a pessoa que a marca quer atrair e excitar
Consumo: grupo mais amplo de compradores

Fundamento da percepção

Valor da marca que inspira alongamento

Os 3-4 elementos-chave do posicionamento (alvo, benefícios, verdades) que devem constituir os vínculos entre todas as extensões e o produto-base

Modelo de Ferramenta de Posicionamento da Marca-Mãe

APÊNDICE 3

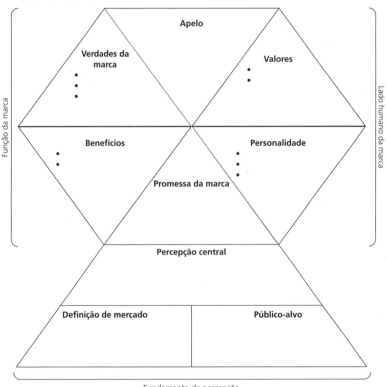

Referências

Apresentação

1. "A healthy gamble: How did A. G. Lafley turn Procter & Gamble's old brands into hot items?", *Time.com*, 16 de setembro de 2002.

Capítulo 1

1. Kapferer, J. N. (1998), *Strategic Brand Management*, Kogan Page.
2. *Ibid.*
3. Ries, A. (1997), *Focus: The Future of Your Company Depends on It*, Harper-Collins.
4. *HPI*, abril de 2002.
5. "Fool's gold for marketers", *Brand Strategy*, fevereiro de 2003, pp. 20-2.
6. Haig, M. (2003), *Brand Failures: The Truth about the 100 Biggest Branding Mistakes of All Time*, Kogan Page.

Capítulo 2

1. Reddy, S. K., Holak, S. L. e Bhat, S. (1994), "To extend or not extend: Success determinants of line extensions", *International Journal of Marketing Research*, vol. 31, maio, pp. 243-62.
2. "Sports drinks step up the pace", *Marketing*, 13 de março de 2003, p. 15.
3. John, P. R. e Loken, B. (1998), "The negative impact of extensions: Can the flagship be diluted?", *Journal of Marketing*, vol. 62, janeiro, pp. 19-32.
4. "Smirnoff's cool extension", *Brand Strategy*, fevereiro de 2003, p. 23.
5. Trout, J. (2002), *Big Brands, Big Trouble: Lessons Learned the Hard Way*, John Wiley & Sons Inc.

6. Haig, M. (2003), *Brand Failures: The Truth about the 100 Biggest Branding Mistakes of all Time*, Kogan Page.
7. "Biggest brands", *Marketing*, 15 de agosto de 2002, pp. 20-7.
8. "Make or break overhaul for Tango", *Marketing Week*, 27 de fevereiro de 2003, p. 5.

Capítulo 3

1. Taylor, D. (2002), *The Brand Gym: A Practical Workout for Boosting Brand and Business*, John Wiley & Sons.
2. Rangaswammy, A., Burke, R. R. e Olivia, T. A. (1993), "Brand equity and the extendability of brand names", *International Journal of Research in Marketing*, vol. 10, nº 1, pp. 61-75.
3. Keller, K. L. (1998), *Strategic Brand Management: Building, Measuring and Managing Brand Equity*, Prentice Hall.
4. "Elastic brands", *Sunday Times*, 3 de novembro de 1996, p. 7.
5. "Retailers make a new financial play", *Marketing Week*, 30 de janeiro de 2003, pp. 19-20.

Capítulo 4

1. www.thetimes100.co.uk.
2. "When brands bounce back", *Marketing*, 15 de fevereiro de 2001, pp. 26-7.
3. The Marketing Society Awards 2002, prêmio Customer Insight.
4. "FMCG innovator", *Marketing*, 23 de janeiro de 2003, p. 23.
5. The Marketing Society Awards 2002, prêmio New Brand.
6. "A breath of minty fresh air", *Brandweek.com*, 2 de janeiro de 2003.
7. Haig, M. (2003), *Brand Failures: The Truth about the 100 Biggest Branding Mistakes of all Time*, Kogan Page.
8. "A healthy gamble: How did A. G. Lafley turn Procter & Gamble's old brands into hot items?", *Time.com*, 16 de setembro de 2002.
9. The Marketing Society Awards 2003", prêmio New Brand.
10. Shultz, H. e Yang, D. J. (1997), *Pour Your Heart into It: How Starbucks Built a Company One Cup at a Time*, Hyperion.
11. "The perfect paradox of star brands", *Harvard Business Review*, outubro de 2001, pp. 116-23.

Capítulo 5

1. "Brand MOT: Camelot", *Brand Strategy*, janeiro de 2003, p. 8.
2. Ries, A. (1997), *Focus: The Future of Your Company Depends on It*, HarperCollins.
3. Knobil, M., editor-chefe (2001), *Superbrands*, Superbrands Ltd.
4. "Too cool for Chrysler?", *Wall Street Journal*, 21-22 de julho de 2000, p. 25.
5. Keller, K. L. (1998), *Strategic Brand Management: Building, Measuring and Managing Brand Equity*, Prentice Hall.
6. Sood, S., Kirmain, A. e Brudegs, S. (1999), "The ownership effect in consumer responses to brand line stretches", *Journal of Marketing*, vol. 63, nº 1, janeiro, pp. 88-101.
7. "Easy does it – but not with everything", *Sunday Times*, 27 de abril de 2003, p. 8.
8. "100 years on the road", *Marketing*, 8 de maio de 2003, pp. 24-5.

Capítulo 6

1. "Nescafé discards self-heating cans", *Marketing*, 15 de agosto de 2002, p. 1.
2. Keller, K. L. (1998), *Strategic Brand Management: Building, Measuring and Managing Brand Equity*, Prentice Hall.
3. "Persil Power proved to have a bit too much zap", *Brand Strategy*, março de 2003, p. 7.
4. "The ultimate creativity machine: How BMW turns art into profit", *Harvard Business Review*, janeiro de 2001, pp. 47-55.
5. CNETnews.com, 24 de outubro de 2002.
6. Keller, K. L. (1998), *Strategic Brand Management: Building, Measuring and Managing Brand Equity*, Prentice Hall.
7. Lury, G. (1998), *Brandwatching*, Blackhall Publishing.

Capítulo 7

1. Vários autores (1999), *Harvard Business Review on Brand Management*, Harvard Business School Press.
2. "Grinding profits from beans", *Brand Strategy*, dezembro de 2002, pp. 18-21.
3. "A brick too far", *Marketing Week*, 15 de março de 2001, pp. 26-9.
4. "Building a brand out of bricks", *Brand Strategy*, abril de 2003, pp. 16-9.
5. The Marketing Society Awards 2003, prêmio Marketing Achievement.